シティ

女性活躍はなぜ進まない?

組織の成長を阻む性別ガチャ克服法

羽生祥子

日経BP

はじめに

「多様性」というキーワードで、組織の成長にジェンダー平等がいかに必要かという本を2年前に書きました。おかげさまで多くの方が「自分の会社でもダイバーシティ経営を進めたい」と思ってくださったようで、企業や各団体にお招きいただき講演や研修をしてまいりました。

これで日本も世界と同じように、男女の区別がないジェンダー平等な職場になる！とスムーズに事が運べばよかったのですが……、実際はそうはいかない。頭では「中高年男性ばかりの組織だと、考えが古くなっていけない」「多様な人材を集めて、組織を活性化しよう！」と分かってはいるんですが、いざ女性を登用するというアクションに差し掛かると、モヤッとする。受け入れがたい。「女性優遇なんじゃないか」と疑心暗鬼になってしまう。

こんな状況に悩んでいる方がなんと多いことでしょうか。「言い訳ばかりしていないで進めましょう！」と言って進めば話は簡単です。ですが、心理的な葛藤を無視していては頓挫するばかり。ここは丁寧に解きほぐしていく必要があるなと思い、この3年間で100社を超える企業と対話をしてきました。

その対話のなかから、みなさんが納得できて、お互いを尊重し合う気持ちになれるヒントが見つかったのです。それが、この本のキーワードになった〝性別ガチャの克服〟です。老若男女問わず、〝性別ガチャ〟によって思考や行動を振り回されてしまうことに、みな苛（さいな）まれている。そして、それが組織の活性化や成長を阻んでいることも分かっている。なのに、なかなか払拭できない。それはなぜか？　どう克服すればいいのか？

本書は、これらをテーマに構成しました。

【1部】では、「組織の成長を阻む〝性別ガチャ〟とは何か？」について解説します。心のモヤモヤを放置せず、データで見える化しています。国・企業・家庭の3つのレベルで示したので、チームみんなで共通認識をもつ第一歩としてください。

1部2章では、〝性別ガチャ〟の正体について解き明かします。この本の肝でもある、「4層の歴史的な労働背景」について詳しく見ていきましょう。この部分を理解した企業は、これまでの葛藤が消え、ストンと腹落ちしてくれます。また、女性が背負ってきたものを理解することは、同時に男性が背負わされてきた役割も理解することになります。ここで男女相互に尊重する気持ちが芽生えるのです。

【2部】では、「現場あるある10の質問」に一挙に回答していきます！私が研修をしてきた約100社との質疑応答で、よく挙がる声（や不安不満）に、本音を隠さずお答えするという挑戦をしてみました。また、各質疑応答の最後には〝性別ガチャの克服法〟として、ヒントになるひと言も添えましたので、ご参考にしてください。

最後の【3部】では、先進企業に学ぶ項目別の実践ノウハウをご紹介します。ダイバーシティ経営がうまく進んでいる会社は今、どんなことに着手しているのか？　**1章では年間スケジュール、社内調査、目標値の立て方を学びます。**続く**2章では、重要な6つの項目ごとに、実企業名を出して具体的な施策をご案内しましょう。**

＊　＊　＊　＊　＊　＊　＊

どんな分野でも、歴史から学べることは多いものです。しかしながら、女性活躍の分野では専門家でない限り、あまり歴史を振り返るということはされずにきました。これを機に、日本の、そして私たちが歩んできた道を見つめてみませんか？　ダイバーシティ経営にとどまらず、ひとりひとりの生き方、働き方に可能性が生まれることを感じながら、お読みいただければ幸いです。

2024年6月　羽生祥子

目次

2章 リーダーが知っておくべき4層の労働背景と男女の役割変遷 41

3章

ダイバーシティはなぜ組織の成長に必要なのか？

2部 現場あるある「10の質問」に一挙回答！

2章

先進企業に学ぶ 項目別・実践ノウハウ

1部

組織の成長を阻む“性別ガチャ”の正体

1章

日本の国・企業・家庭データで見る〝性別ガチャ〟

「男が働き、女性は家を守る」という
オバケのような価値観

女性活躍やダイバーシティを実現するときに、結局のところ乗り越えなければならない壁は、「男は働き、女性は家を守る」というオバケのような価値観を、どう払拭するかにかかっている、と私は思います。

「オバケのような」という言い方をしたのは、すでに存在していないはずなのに、あたかも存在するかのように、恐れているからです。

・夫に家事育児を半々でお願いすることに罪悪感がある
・重要な会議で男性よりも先に女性が発言することは、行儀が悪いのではないか
・いくら共働き夫婦でも、〝ちゃんとしたママ〟は育児家事を完璧にして、〝ちゃんとしたパパ〟は仕事を優先して稼ぎ続ける、とどこかで思っている

こんな具合に、令和に入った今でも、心のどこかで「男は働き、女は家を守る」というオバケのような価値観を引きずっている人がなんと多いことかと感じます。「古い価値観ですね」と口では言いながらも、心やライフスタイルが追いついていない。その結果、職場で女性がいつまでたっても補佐的な役割にとどまっている。その行いが積み重なり、男女間のペイギャップ、女性管理職比率の低さ、女性の非正規雇用の多さなどの問題になっているのです。

ペイギャップや女性リーダー不足、非正規雇用などは、すべて現在の日本経済にとって足を引っ張る原因となっています。「女性が子育てを優先して何が悪い？」といった〝個人の志向〟を語り合うのではなく、企業や行政など各組織にとって、このオバケのような価値観がいかに成長を阻んでいるのか。これを直視すること、そしてどのように克服するのかを、この本のテーマにしたいと思います。

〝性別ガチャ〟＝性別で左右される役割行動が日本の組織をむしばむ

みなさんは〝ガチャ〟という表現をご存じでしょうか？　ガチャというのは、カプセルに入ったおもちゃの自販機、いわゆる〝ガチャガチャ〟の略。1回だけ回して何が出るかは運次第、というゲームです。

例えば〝配属ガチャ〟は、自分の意向や個性に関わらず、会社から一方的に配属先や転勤先を割り振られること。またはその割り振られた結果で、自分の人生やキャリアが左右されてしまうことを、皮肉を込めて表現した言葉です。同じような表現に、〝親ガチャ〟＝どんな親から生まれるかによって人生が左右されてしまうこと、〝国ガチャ〟＝生まれた国や時代によって、自分の能力や希望とは関係なく、生き方が深刻に左右されてしまうこと、などもあります。

どれも、自分の希望、選択、個性、能力とは無関係に、一方的に決められてしまう状況や悲劇を指しています。ちなみに〝親ガチャ〟という言葉は、貧富の格差や若者の人生観をよく表しているとして、２０２１年の流行語トップ10にも選ばれました。

私は今、日本の組織、ひいては社会や家庭における現在のジェンダー不平等の状態を表現するのに、〝性別ガチャ〟がぴったりだと痛感しています。そして、この本では、〝性別ガチャ〟という造語を掲げ、組織におけるさまざまな問題提起をしていきたいと思います。

〝性別ガチャ〟とは、生まれたときの性別によって（「男性か女性か」という大ざっぱな2種類だけで）分けられたのち、男性ならば仕事をして稼ぐ人、女性ならば家族の面倒を見る人、という一方的な役割を期待される残念な状況です。「固定的性別役割分担」という言葉とほぼ同義ですが、それよりもっと「自分の意志や選択を無視される」という意味合いを込めています。

現在の子どもや学生たちは小中学校ではジェンダー平等を当然として教育され、高校大学でも男女平等に機会を得て、学問研究を修めています（医学部入学での女性差別問題は改善しつつあります）。それにもかかわらず、社会に出たとたんに、組織では〝性別ガチャ〟が充満していて、教育とのギャップがあります。

入社してみると、幹部層は男性ばかり。同等の能力で採用されたはずなのに、5年10年たつと、難易度の高い仕事は女性にあまり任されない。結婚出産をするタイミングに差し掛かると、育児家事はママがおもに担当すると前提され、ますますリーダー育成の枠から外れていく……。これまでの女性たちはこの〝性別ガチャ〟を当然と受け止めたり、悔しい思いをしたりして、キャリアを継続するかどうか選択を迫られてきました。現在の女子学生は、こういったオバケのような価値観が依然として存在する〝性別ガチャ〟のある会社に驚くことでしょう。

驚いたり嘆いたりするのは、女性だけではありません。男性も然り、です。男性でも「さん」付けで教師に呼ばれ、男女で一緒に家庭科を学び、ジェンダーレスな美意識（メイクやファッション）が浸透している若い世代は、入った組織が男性ばかりで集団行動をしていたら、どう思うでしょうか？「男だから残業くらいは当然」「男が育休なんて、意味がない」などの考え方は言語道断。これから日本を率いていく若い世代にとって、性別という属性だけで役割行動を期待するような行いは、まさに〝性別ガチャ〟として批判の対象となるでしょう。

〝性別ガチャ〟をデータで見る世界と比較すると異常値も

では、〝性別ガチャ〟は心のなかだけにあるかというと、もちろんそんなことはありません。職場のなかで、家庭のなかで、さまざまな形となって表れています。いくつかの印象的な（いや、ショッキングなと言ったほうがいいかもしれません）データをご紹介したいと思います。国や企業に経済的な影響を与えるという観点で選んでみました。

データで見る
“性別ガチャ”
その①

生涯所得
（教育費差額）

高い教育を受けても稼げない日本の女性

次のグラフは、私がこの10年間ダイバーシティや女性活躍について取材をしてきたなかで、一番衝撃を受けたデータです。そして、多くの講演や研修でご紹介するたびに、私と同様にみなさんもびっくりします。にわかには信じられない、間違いではないかと怒り出す人も少なくありません。それほど、極端な数値なのです。

どんなデータかというと、「高等教育を受けた男女の経済的リターンの国際比較」です。簡単に説明しますと、「生涯で得る所得から、その人が大学など高等教育までの費用を引いたもの」です。つまり、いくら教育費をかけて、その分どのくらい所得を得たかというデータです。

図1　データで見る〝性別ガチャ〟その①「生涯所得（教育費差額）」

高等教育を受けても、稼げない日本の女性

高等教育の経済的リターンの男女格差

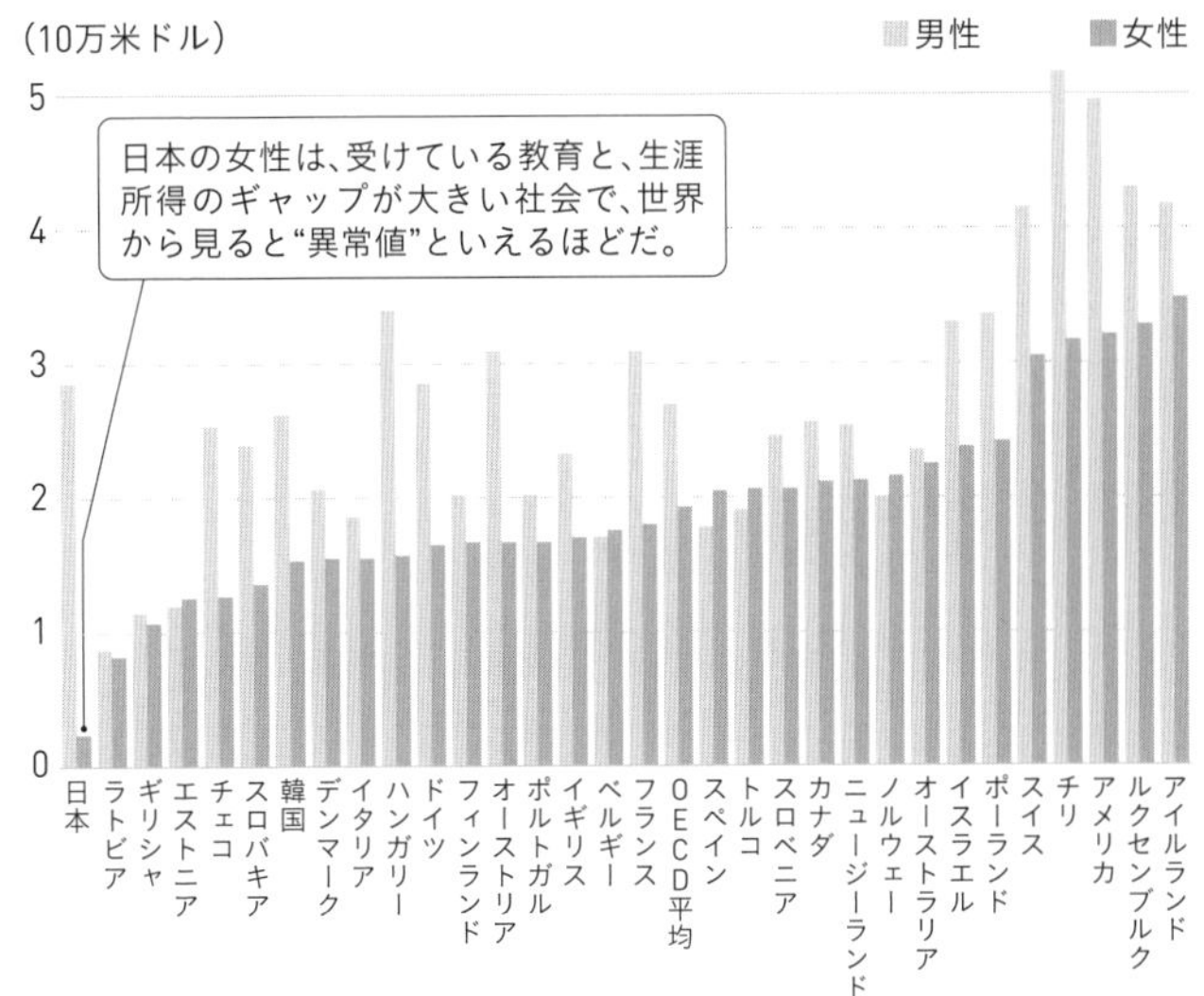

（出典）内閣府「選択する未来2.0」（令和3年）報告書「図36」から。データはOECD Data「Mathematics Performance（PISA）2018」、OECD「PISA2018（Volume II）」から作成。経済リターンは、高等教育の便益（生涯所得の増加分）から高等教育の費用（受講費用及び機会費用等）を控除して算出（将来の便益と費用は、2%の割引率で現在価値に換算）

このグラフを見ると、世界各国と比べて、高等教育を受けた日本人女性が、その教育費を上回る生涯所得をほとんど得ていないことが分かる。海外から見ると“異常値”とも言えるもので、アジアの隣国・韓国と比べてもかなり低い値。いっぽうで、日本人男性の値は、OECD平均とほぼ同額。男性は世界平均なのに、女性のこの所得の低さこそが“性別ガチャ”の最たる現象である。

このグラフを見て、よくある誤解が「日本の女性は男性に比べて収入が微々たるもの！　賃金格差がひどい環境で働くなんてかわいそう」という理解です。所得が低いという点では確かにかわいそうな面もありますが、それよりも注目すべき重要なふたつのポイントがあります。

教育は男女平等に受けているが、社会に出ると性別で大きな差がつく

まず、日本では高等教育を受ける人口比率が高く、男女差も現在はさほどありません。「1億総中流」という言葉が生まれたほど、今では多くの人が4年制大学に入学しています。つまり、進学という側面では〝性別ガチャ〟はほぼ存在しないのです。

しかし、社会に出て働くようになると一転します。特に、家庭を持つタイミングで突如として〝性別ガチャ〟がやってきます。男性は正社員で働き続けるのを当然とさ

れるのに、女性はパートタイムやアルバイトなどの勤務に変わることが多いのです。

パートタイムが悪い、と言っているのではありません。フルタイムかパートタイムかというキャリアの選択が、「性別」によって決まってしまうのが問題ではないか、という指摘です。家族を持ち子どもを育てるというのは夫婦で同じ責任があり、同じ土俵に立っているはずです。家庭によっては、「妻はフルタイムで、夫はパートタイムで働く」という選択もあっていいのではないでしょうか。実際に先進諸外国では、しばしば見かける風景です。しかし日本では未だに性別の区分で「男性は働き続ける」「女性は家を重視して、仕事は合間に」という前提が消えず、その結果が、このデータなのです。

〝費用対効果〟という視点から考えると、なんともったいない国家なのでしょうか。高等教育を受けた人材が日本には多くいるというのに、人口の半分を占める女性は生涯所得に結びついていない。〝性別ガチャ〟が災いして、日本国家の人材戦略は失敗していると言わざるを得ません。

データで見る
“性別ガチャ”
その②

企業内の
男女比率

役員比率と正社員比率で男女差が大きい

前ページでは、国家単位の経済リターンの損失を見ました。次は、企業単位で〝性別ガチャ〟があるか見てみましょう。これに関しては、すでに多くの場所で問題提起されているのでご存じの方も多いかと思いますが、男女に偏りがある〝二大性別ガチャ〟は、「役員比率」と「正社員比率」です。

役員比率は、男性9：女性1
正社員比率は、男性7：女性3

「女性役員がいたらとても珍しいので、必ずインタビューする」というのが、10年前の取材環境でした。１００人の役員がいたらふたりしか女性役員がいない、といった状況です（２０１４年の全上場企業における女性役員比率は約２％）。そこから少しだけ前進し、２０２２年では１００人のうち9人が女性になりました。これを十分に増加したと言うかどうかですが、グローバル環境で比べてみましょう。

日本を除くG7諸国の女性役員比率は、２０２２年で39％です。グローバル企業では今、役員比率も管理職比率も、5割を目指そうという勢いです。日本はまだ10％に満たないレベルなので、これで増えたとは喜べません。

もうひとつ男女比に差があるのが、正社員比率です。33ページで分かりやすくグラ

図2　データで見る〝性別ガチャ〟その②「役員比率」

世界と比べて、上場企業の役員比率が圧倒的に低い日本の女性

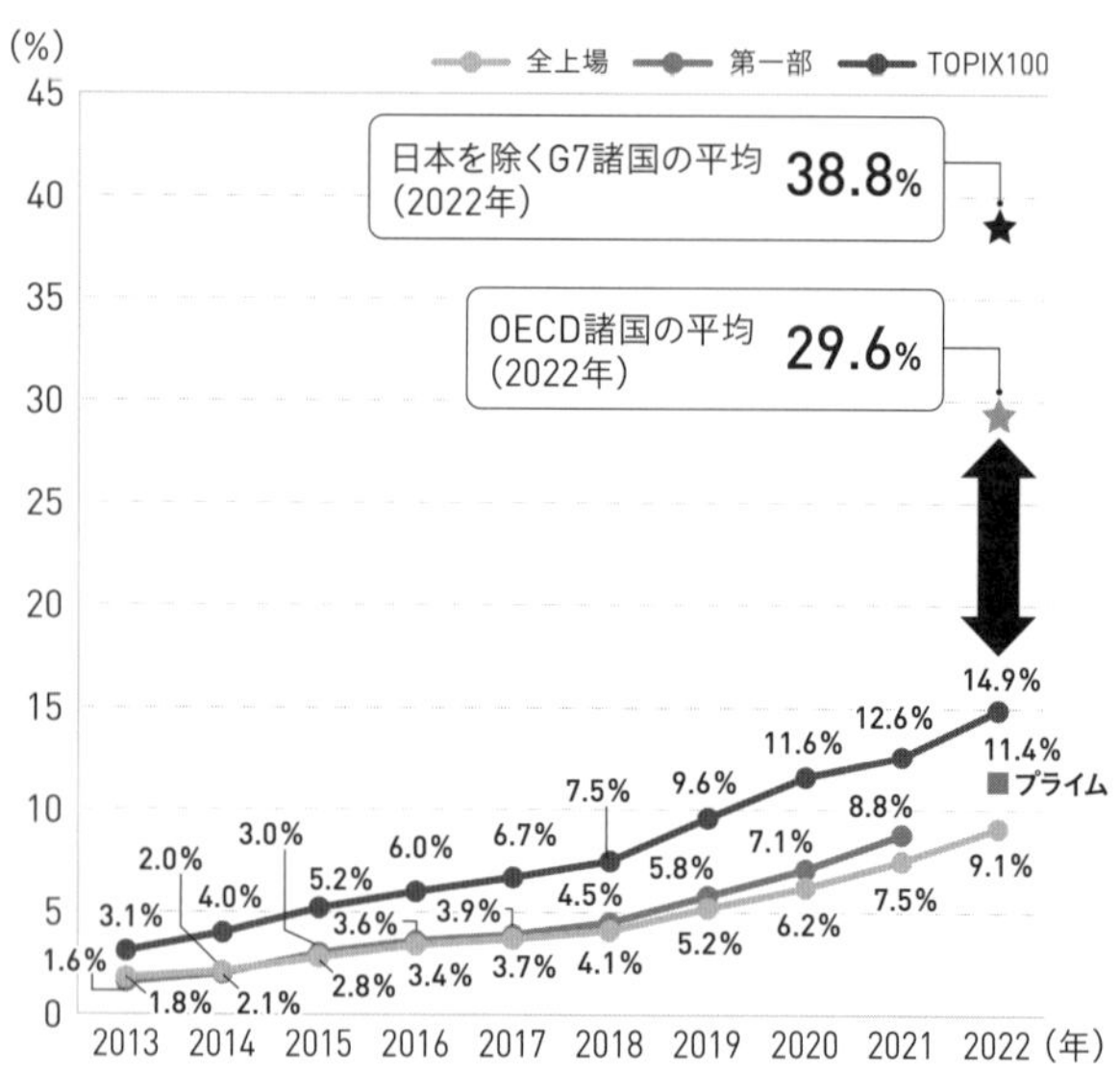

(出典)内閣府男女共同参画局「男女共同参画の現状と女性版骨太の方針2023について」から抜粋

(解説) 女性役員比率において、日本では「まずは1社に1人、30年までに3割」という目標値だが、G7各国ではすでに4割近くいる。先進国の現在の目標値は5割だ。

図3　データで見る〝性別ガチャ〟その②「正社員比率」

男性に比べて、女性の正社員比率が30歳以降で減り続けている

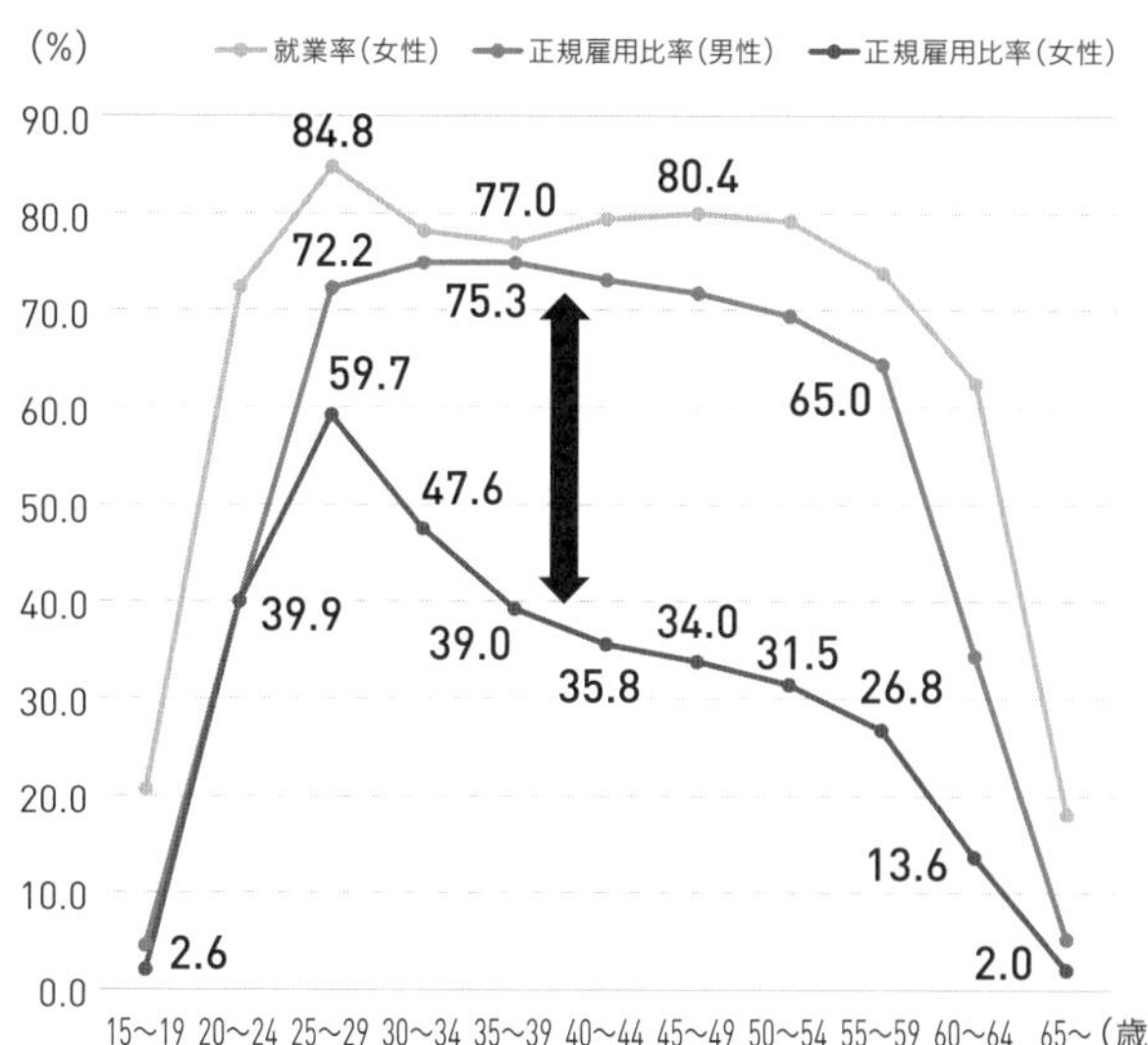

(出典)内閣府男女共同参画局「男女共同参画の現状と女性版骨太の方針2023について」から抜粋

(解説) 正規雇用比率を見ると、男性（中央折れ線）と女性（一番下の折れ線）の差が大きいことが分かる。30歳頃をピークに下がり続けているのは、出産時に退職、または働き方を変え、育児後に非正規社員として働くケースが多いと考えられる。

フにしましたが、男性は25～59歳で、正社員比率はほぼ変わらず6～7割です。いっぽうで女性は、30歳前後でガクッと正社員が減り、35歳以降は30％台からそれ以下と減り続けています。この現象を「L字カーブ」と呼び（Lの字を倒したような傾きなので）、企業や社会における「固定的性別役割」が顕著に表れている問題として、政府も改善を目指しています。

データで見る
“性別ガチャ”
その③

家事育児の時間

男性の5・5倍も家事育児をする日本女性

国と企業の〝性別ガチャ〟を見てきましたが、最後にお見せしたいのが「家庭」のなかでの偏りです。「家庭のなかでの男女差なんて、数えきれないほどあるわよ！」という声が聞こえてきそうですが、これまで見てきた生涯所得（教育費差額）・役員比率・正社員比率の大本の原因となっているであろう、「人生の時間の使い方」にフォーカスしてみたいと思います。そうです、おなじみの「家事育児時間」の国際比較です。

国際比較ができるデータとして、「有償労働時間」と「無償労働時間」という要素があります。これは、それぞれ仕事と家事育児と読み替えてよいかと思います。次のグラフをご覧ください。こちらも国際比較をすると、〝異常値〟とも言える状況が浮かび上がってきます。

このグラフにも私は大きく驚きました。「ママのほうがパパより家事をやっている」という実態はもちろん承知していますが、世界的にみてもこんなに男女に偏りがある国は日本だけ（次いで韓国）。例えばアメリカでは男女差は1・7倍、イギリスでは1・8倍です。ジェンダー平等で優等生のスウェーデンは、1・3倍とさすがです。OECD全体では1・9倍となり、「女性は男性の約2倍、家事育児をやっている」ということになります。

それが日本では、5・5倍です！　元データを参照すると、1日当たり女性は224分、男性は41分となっています。ちなみに、日本男性の無償労働時間「41分」は、グラフに載っている14カ国中で、ダントツに短いです。OECD平均では136分ですから、欧米諸国の男性は1日2時間以上も費やしています。

図4　データで見る〝性別ガチャ〟その③「家事育児の時間」

男性の5.5倍も無償労働をする日本女性 世界でも異常値

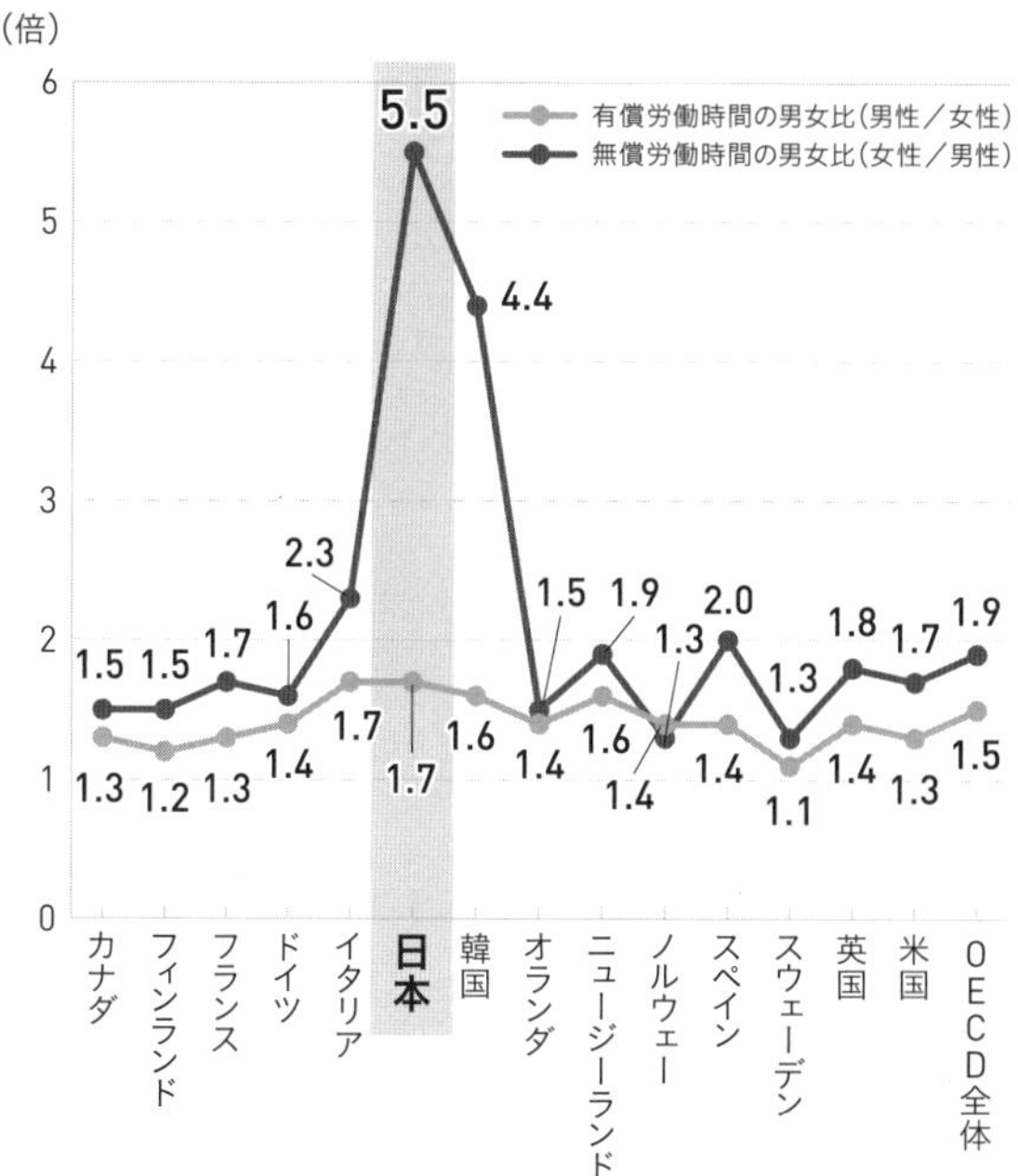

(出典)内閣府「男女共同参画白書　令和2年版」から抜粋。データはOECD 'Balancing paid work, unpaid work and leisure (2020)をもとに内閣府が作成

(解説) グラフを見ると、家事育児時間の男女差において、日本は著しく大きいのが一目瞭然。「男性は育児家事をほとんどやらず、女性が担う」ということが、日本のなかにいると当たり前になるが、ひとたび海外に出ると異常なほど大きい。

家事育児時間が少なすぎる日本の男性
家事も仕事も長すぎる日本の女性

さらに私が驚愕したのは、日本女性は「有償労働時間」も長いということです。ここまで家事育児をしているのならば、仕事の時間は取れまい……と予測しますが、事実は違います。日本女性の仕事の時間はアメリカの女性より長く、世界トップクラスで働いているのです。一体いつ寝ているのでしょうか？　実際に総労働時間を調べてみると、14カ国中、日本女性が一番労働しているという実態がありました。これでは疲れ果てて「第二子なんてもうムリ」となり、少子化が進むのも致し方がないと言えませんか？

＊　＊　＊　＊　＊　＊

このように、国・企業・家庭で、世界と比べると異常値と言えるほどの〝性別ガチャ〟があることが分かりました。そこで、あらためて拭い切れない疑問が湧きます。

「日本ではなぜ、ここまで〝性差〟が、職場や家での役割に影響を与えるのだろうか？」

次章では、日本がたどってきた歴史、労働背景を考えながら、〝性別ガチャ〟の正体に迫っていきたいと思います。

2章

リーダーが知っておくべき4層の労働背景と男女の役割変遷

〝性別ガチャ〟の正体は4つの歴史的な労働背景にあった

どうしてここまで「男か女か」に、日本人は左右されてしまうのか？

このシンプルで難しい問いに真正面から向き合って理解しない限り、女性活躍はなかなか浸透しにくく、いつまでも「海外と比べて遅れている状態」が続いていくと、私は思います。また、「古い考え方」や「新しい考え方」というように、世代によって〝当たり前〟が違うことにも着目しています。

時代ごとにどんな男性像、女性像があったのか。私たちが何を背負って生きてきたのか。そんな視点で各時代の政治や経済背景と法改正を調べたところ、性別役割分担の根源、いわば〝性別ガチャ〟の正体が見えてきました。そしてこの正体の話をすると、「女性活躍という言葉にモヤモヤする」と言っていた方々からも、「スッキリ腹落ちした。自社のダイバーシティ推進に協力しようと思うようになった」と反響をいただきます。

リーダーは知っておきたい 4層の労働背景と男女の役割

言葉だけよりも、図を見てもらったほうが理解しやすいと思いますので、次ページに図解を載せて詳しく見ていきたいと思います。

日本がたどってきた男女共同参画に関する制度変化と、背景にある経済や政治の特徴を描いています。さらに、「自分が会社に入った頃は、こんな時代だった」とイメージしやすいように、入社年と、現在は何歳であるかも示しました。44ページの図女性活躍推進の必要性を理解するには、各時代の政府方針と労働背景の変遷を知る必要がある。職場における性差別は1999年まで禁止されていなかったことを知らない世代も多い。

※参考：厚生労働省「男女雇用機会均等法の変遷」(mhlw.go.jp)

❶ **1970年代モデル**

性別役割分業を基にした日本型福祉社会

家事・育児・介護を担う女性を前提

❷ **1985年**

男女雇用機会均等法(86年施行)

——性別による差別をなくす〈努力義務〉

——女性も総合職に

❸ **1997年**

男女雇用機会均等法改正(99年施行)

——性差別をなくす〈努力義務〉から〈禁止〉へ

——社会保障を共働きモデルへ転換宣言

❹ **2015年**

女性活躍推進法(16年施行)

——行動計画の策定・公表の義務化
ポジティブ・アクション

2022年

育児・介護休業法改正

(22年から段階的に施行)

——男性育休の取得状況公表の義務化

図5 “性別ガチャ”の正体
時代ごとの法改正と女性の労働背景

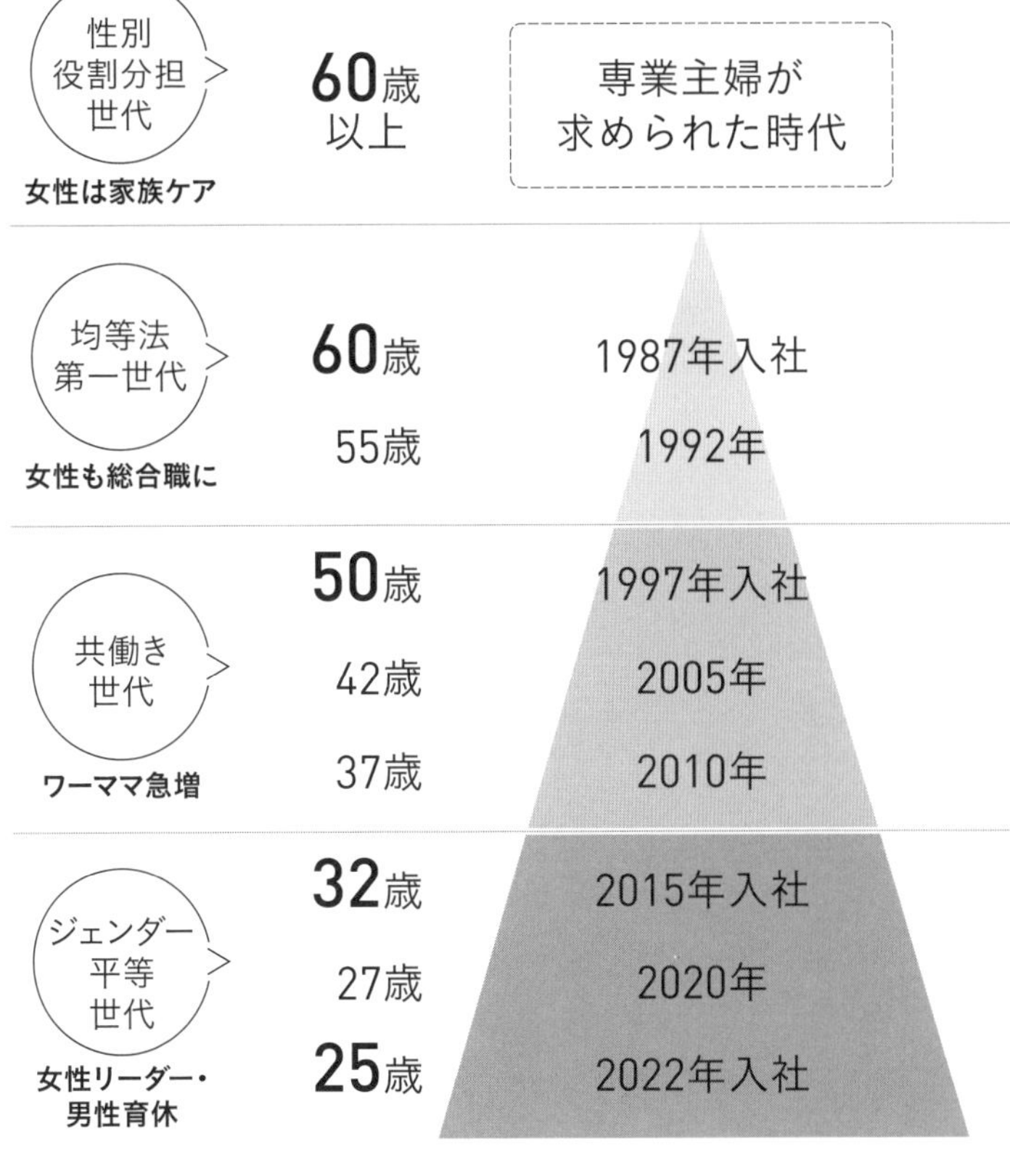

図のピラミッド型は、「働き続けている女性正社員の数」のイメージ。年齢が若くなるほど、結婚出産後も退職せず、正社員として働き続ける共働き世帯が増加している。

©羽生プロ

にある①〜④の欄には、時代ごとに敷かれた制度や法改正、そして政府が目指した社会像を示しています。1970年前後から2020年前後の50年もの間には、労働に関する多くの法改正・制度設計がありましたが、女性活躍推進法に関するものを中心に、男女の生き方・働き方を大きく決定づけたものを選びました。

政治や経済の背景が変わるごとに生き方・働き方も変更させられた女性たち

さらに45ページの図には、①〜④の各時代に入社した人の、現在の想定年齢を示しています。例えば、③97年「男女雇用機会均等法改正」では、その年に入社した人は24年時点で50歳となります（想定年齢は、4年生大学を22歳で卒業し、23歳で入社したと試算）。ご自身がどのゾーンで入社し、その当時の男女が背負っていた労働背景がお分かりになるかと思います。

また、45ページの図にあるピラミッド型は何を意味するかというと、「働き続けている女性正社員の数」のイメージです。年齢が高くなるほど、結婚後も働き続けた人が少なく、結果的に社内に残っている女性が少ないのです。逆に、③や④の時代に入社した人たちは共働きスタイルが定着しているため、働き続ける人が多く裾野が広い形になっています（厳密には少子化によって若年層の絶対数は少なくなっています）。

〝性別ガチャ〟を克服するにあたって、4層の労働背景を理解することが私は重要だと思います。ここでひとつ注意したいのは、「年齢で分断して、世代間対立を起こしたいのではない」ということです。各時代の政治・経済の影響により、国民にどんな意識づけが行われたのか。女性の立場はどう変化してきたのか。そのいっぽうで、男性の生き方・働き方は変わったのか、変わらなかったのか。日本がたどってきた歴史を客観的に見ることによって、女性活躍やダイバーシティを「好き、嫌い」「納得できる、できない」という感情論で捉えることを克服できると思うのです。次ページから、各時代について、どんな性別役割意識があったのか見ていきましょう。

①１９７０年代「日本型福祉社会」
性別役割分業を基にした社会
女性＝家族ケア

まず①として位置付けているのが、１９７０年代から１９８０年代半ばにかけて政府が声高に掲げた「日本型福祉社会」です。これを簡単に説明すると、戦後の高度成長期と、その後に訪れる低成長時代で、家庭内の女性は「家族ケア」、つまり家事・子育て・介護など家族の支え手として役割を果たすよう、強く求められた社会でした。それと同時に、男性も「働き手、稼ぎ手」として、戦後の高度成長期のエンジンとなる役割を期待されたわけです。

なぜこのような性別役割分担が生まれたのでしょうか？　分かりやすく明快な解説として、東京大学大学院教育学研究科の本田由紀教授が次のように論じています。

日本社会は～中略～家族が様々な社会的機能（中でも子ども・高齢者・障害者・患者などのケアとそのための費用支出）を担うことを法的・規範的に要請した。～中略～その特徴が顕在化したのは、1970年代初頭の石油ショックにより高度経済成長が転換を迎えたのちの70年代半ばから80年代にかけて、政府が強力に掲げた「日本型福祉社会論」であった。経済成長率の低下による税収減と財政の赤字化を背景として、社会福祉支出を抑制したい政府は、家族が福祉機能を担うことを日本の美風として称揚し、実質的なケア役割を家族内の女性に押し付けるという姿勢を明確に示すようになったのである。

（出典　本田由紀「日本における「家族主義」の経緯・現状・課題」『東京保険医新聞』23年2月号から引用）

1部冒頭で私が「オバケのような価値観」と表現した、まさに「男は仕事、女は家庭」は、実はこの1970年代の財政赤字を発端とした、政府主導の国家政策だったわけです。「日本の女性は三歩下がってしおらしく、なでしこのように」とか、「夫を立ててこそ、内助の功」などなど、これまで私が聞いて違和感を覚えたセリフは、今から50年近くも前の政策から来ていたのか！と判明して大変驚きました。そして、「女性は家を守るようにDNAに組み込まれている」「日本女性の気質」など、まったく論理的でない説明でモヤモヤし続けていた私は、経済背景と政策という史実を知ることで、冷静に理解できるようになったのです。

「思いやりと相互扶助の仕組み」その支え手として女性が前提とされた

当時は大平正芳内閣。欧米やスウェーデンの福祉国家を否定し、「日本型」の独自路線を打ち立てたところに特徴があります。何でも欧米に倣え、の現代から見ると少々感心するところでもありますが、「家庭基盤充実構想」などのワードには、令和に生きる私の感覚には、やはりマッチしない箇所が多くあります。

大平内閣総理大臣の施政方針演説（1979年）に、「家庭は社会の最も大切な中核である。思いやりのある人間関係、相互扶助の仕組みを守りながら、日本型福祉社会の建設に努めたい」という発言記録が残っています。このメッセージには共感しますし、今後もそうであったらいいなとさえ思います。

しかし違和感があるのは、その担い手を「女性だけ」に強く求めたことです。「家族ケアは女性がやりましょう」とはさすがに明文化されていませんが、子どもや老親の世話を称賛する雰囲気の陰に、女性が常にいたのは確かです。当時を生きた個人（自分の祖先や先輩）を責める気持ちはありません。むしろ国家施策に忠実に生きたのだなという感慨さえあります。違和感を覚えるのは、夫婦や個人の個性を見ずに問答無用で女性を担い手とするやり方です。

そして、時代は過ぎ、日本型福祉社会論は疲弊していきました。家族の多様化、結婚や出産を選択しない個人の増加、そして社会保障の国民任せな制度批判などから、1980年代半ばには崩壊していったのです。

女性は「支え手」
男性は「稼ぐ父」が
前提となっていた
70〜80年代

性別役割分担世代

60歳
以上

専業主婦

均等法第一世代	60歳	1987年入社
共働き世代	50歳	1997年入社
ジェンダー平等世代	32歳	2015年入社
	25歳	2022年入社

②1985年「男女雇用機会均等法」職場における性差別をなくす〈努力義務〉

さて時代は1980年代半ばに移り、「男女雇用機会均等法」が1985年、昭和の終盤に制定されました。みなさんも一度は聞いたことがあるでしょう、「コキントーホー」です。施行は1986年で、当時入社した方には「私は均等法第一世代です」などと自己紹介をされる方もいらっしゃいますね。現在は60歳前後となり、定年を迎える頃でしょうか。この方々が、現在の働く女性の道を切り開いたのです。

均等法第一世代は、女性でも男性と同様に総合職（基幹的業務）として就職した方たち。今でこそ総合職、一般職というコース別採用は廃止の傾向にありますが、当時は女性でも総合職に就くというのは先進的なことで、〝キャリアウーマン〟として注目

図6　1980年代後半「均等法第一世代」
職場での性差別をなくす【努力義務】

1985年（昭和60年）男女雇用機会均等法

- **募集・採用、配置・昇進**
  →女性を男性と均等に取り扱う「努力義務」
- **教育訓練、福利厚生、定年・退職・解雇**
  →女性に対する差別的取扱いの禁止
- **紛争解決の援助：助言、指導、勧告、調停**
- **行政指導**
- **あわせて労働基準法等を改正**
  残業規制の上限を引き上げ
  深夜業可能な業務の拡大
  母性保護以外の危険有害業務の規制を
  大幅に解除 等

（出典）厚生労働省「男女雇用機会均等法の変遷」より抜粋

1985年の均等法は、職場に各項目で性差別があることを認め、それをなくすと明言した点で画期的ではあった。しかし残念なことに「禁止」とはならず、「努力義務」どまりであった。

されました。逆に言えば、それ以前は男性と女性で「性差別」が職場にあったのです。「男女雇用機会均等法」とはどのような法律だったかを見てみましょう。

今となっては驚くことに、次のような「性差別」がありました。例えば、募集・採用・配置・昇進において、女性は男性と同じように取り扱ってもらえなかったのです。この頃私は小学生だったのですが、新聞の求人欄に「意欲ある男性求む！」とか「容姿端麗な女子優遇」といった、今ではまったく信じられないような文言が並んでいたことをうっすらと覚えています。その他にも、福利厚生、定年、退職、解雇において「女性に対する差別的取り扱い」があったのです。そのような差別を、この法でなくすよう「努力義務」が敷かれました。

ドラマなどでよく見た、結婚したら花束をもらって退社する「寿退社」。自発的な退社もあったでしょうが、年齢が一定以上になった女性に退職を迫るような風潮もありました。あの光景は何だったのか……。令和では不適切極まりない〝一発アウト〟な表現や行動が職場においてあったことを、リーダーはぜひ知っておいてください。[40]

〜60代の管理職は、そういった歴史をしっかりと若手に教えましょう。そして、20〜30代のリーダー候補の方々は、「時代遅れ」「ダサい」と軽視することなく、日本の職場がたどってきた道を学ぶべきです。

職場で性差別があった歴史を知れば女性活躍推進が「逆差別」ではないと分かる

なぜ昭和の歴史を今さら学ばなければならないかというと、それが「女性活躍＝女性優遇だ、逆差別だ」という、よくある誤解に対して冷静な説明ができるからです。黒人がプールに入れない、バスに乗れない時代や国があったのと同様に、日本にも、今の若い方々から見たら信じられないような「男はＯＫだけれど女はダメ」という差別・区別があったのです。現在はこの道のりの上に続いています。おかしかったことを、正常に戻す。この作業を、遅々としながらも懸命にたどっているのが、日本のダイバーシティ推進の現在地なのです。

85年、女性が差別されない
法律がようやく制定される。
しかし、「禁止」ではなく
「努力義務」だった

性別役割分担世代	60歳以上	専業主婦
均等法第一世代	60歳	1987年入社
共働き世代	50歳	1997年入社
ジェンダー平等世代	32歳	2015年入社
	25歳	2022年入社

③1997年「男女雇用機会均等法改正」職場における性差別〈禁止〉へ共働きモデル転換宣言

1985年に制定された均等法によって、女性でも総合職に就職できるという大きな一歩となりましたが、実はその後、苦渋の12年間が続きます。なぜかというと、②の時代は、性差別をなくすことについて「努力義務」だったのです。法律上では「禁止」になっていませんでした。そのため、前時代と同様の精神で職場の雰囲気が続いたのです。この結果、『職場で女性は長く働いているが、昇進昇格をするのは男性。同期なのに男女でポジションが違う』という状況が、2000年の手前まで続いてしまったのです。

女性の昇進・昇格に懐疑的な人は性差別禁止前の価値観のままでは？

これにやっとメスを入れることができたのが1997年。均等法が改正され、職場における性差別が「禁止」となったのです。施行されたのは、1999年。意外と最近だと感じませんか？　逆に言えば、今50歳以上の人は「性差別が禁止されていなかった時代に入社し、働いてきた世代」なのです。女性の昇進昇格に懐疑的だったり、管理職なんて負担じゃないかと心配（過保護）になったりするのは、このような時代背景を経てきているのも一因。「禁止」へと法改正があったことを学び、価値観をしっかり更新しましょう。

20代、30代をどういった文化、環境で過ごすのかは、その後の価値観に大きく影響します。取締役会に50代以上、ときには60代ばかりの男性が集まっていると、①②世代の古い感覚のまま評価をするようになってしまいます。それでは組織の成長が阻ま

図7　1990年代後半「共働き世代」
職場における性差別【禁止】へ

1997年(平成9年) 男女雇用機会均等法改正

- 努力義務規定の解消
- 事業主に対するセクシュアルハラスメント防止措置の義務化
- ポジティブ・アクションに対する国の支援
- 母性健康管理措置の義務化
- 行政指導に従わなかった場合の企業名公表制度
- あわせて労働基準法等を改正

  女性の時間外・休日労働、深夜業の規制の解消

  多胎妊娠における産前休業期間の延長 等

(出典)厚生労働省「男女雇用機会均等法の変遷」より抜粋

職場における性差別がようやく【禁止】となったのは、2000年直前。「ポジティブ・アクション」の言葉が登場し、これまでより積極的に女性リーダーを育成登用しようという機運が生まれた。

れかねません。「意思決定層を多様な人材にする」ことが、組織のイノベーションにつながるというのも、納得します。

さて〝性別ガチャ〟という観点で変化があったのが、2000年代です。よい面がひとつ、悪い面がひとつあります。よい面は、共働き世帯が急増し専業主婦世帯数を抜き、「男は仕事、女は家庭」という〝性別ガチャ〟が猛スピードで崩れ始めました。ワーママが増え、産休育休制度が進化していった時期です。その変化に対応した政府（小泉内閣時代）は、社会保障を共働きモデルへ転換すると宣言しています。「大黒柱のお父さんと、専業主婦のお母さん、ふたりの子ども」という旧モデル世帯から、共働き夫婦を前提とした年金や税金の設計を目指したのです。

しかし悪い面もありました。2000年代初頭からの景気回復の兆しを捉えた政府の「聖域なき構造改革」が、非正規雇用者を過去最高に増やす結果を招いたのです。影響を受けたのは女性です。安い賃金で良質な労働力となる日本の女性は、この時期に大量に非正規雇用者として雇われ、正社員の道が遠のきました。

私は、この一連の歴史を考える際、心を熱くする印象的な言葉を思い出します。恵泉女学園大学の大日向雅美学長の言葉です。

「女性を人として尊重する視点の乏しい日本社会」

〝日本型福祉社会〟、〝家庭基盤充実構想〟のもと、家庭で育児・介護に専念することが女性の役割として賛美されたことを見ておく必要があります。一方、景気に回復のきざしがみえると、その都度、女性の力が産業に必要だと言われてパートや派遣労働に駆り出されるなど、その時々の政治的経済的要請によって、女性の生き方が決められてきたのです。これ以上、女性の人生を社会の都合で翻弄させてはならないのではないでしょうか。

（大日向雅美『女性の一生』から抜粋）

97年、性差別は「禁止」に。
共働き世帯が急増し
同時に、非正規雇用の
女性も増えた

性別役割分担世代	60歳以上	専業主婦
均等法第一世代	60歳	1987年入社
共働き世代	50歳	1997年入社
ジェンダー平等世代	32歳	2015年入社
	25歳	2022年入社

④2015年「女性活躍推進法」ポジティブ・アクション 2022年「育児・介護休業法改正」男性育休促進

さて、いよいよ「女性活躍推進」の時代に入ります。均等法が制定されてから、約30年も経っているのが残念ですが、進歩であることは間違いありません。この法律の肝となるのが、「ポジティブ・アクション」です。日本語で言うと「是正措置」です。おかしい状態を適切に是正するための、期間限定的な措置なのです。

女性の育成や登用を計画し、公開する海外に10年遅れて、女性引き上げの機運

何を是正するのかというと、「昇格昇進するのは男性、補佐的な仕事をするのは女性」という〝性別ガチャ〟に他なりません。ひとつ前の③世代では、共働きという点で一歩進みましたが、職場におけるジェンダー平等の育成、登用はありませんでした。「データで見る〝性別ガチャ〟②」で示したように、残業時間を減らすなどの働き方改革だけでは、女性の管理職比率が上がりませんでした。そこで政府はポジティブ・アクションに踏み切ったのです。

ちなみに海外では、クオータ制（役員などの女性比率を一定に割り当てる）や上場規制などのポジティブ・アクションは、２０００年代初頭から着手し始めています。ここでも日本は10年遅れですし、クオータ制など強制的な法は未だに制定されていません。

図8　女性版骨太の方針2023 概要

Ⅰ 女性活躍と経済成長の好循環の実現に向けた取組の推進

社会全体で女性活躍の機運を醸成し、多様性を確保していくことは、男女ともに自らの個性と能力を最大限に発揮できる社会の実現のために不可欠であるとともに、イノベーションの創出と事業変革の促進を通じて企業の持続的な成長、ひいては日本経済の発展に資することを踏まえ、女性の活躍をけん引するため、下記のような施策を講じる。

①プライム市場上場企業を対象とした女性役員比率に係る数値目標の設定等

・令和５年中に、取引所の規則に以下の内容の規定を設けるための取組を進める。①2025年を目途に、女性役員を１名以上選任するよう努める。②2030年までに、女性役員の比率を30％以上とすることを目指す。③左記の目標を達成するための行動計画の策定を推奨する。

・あわせて、企業経営を担う女性リーダー研修の更なる充実、リスキリングによる能力向上支援、好事例の横展開など、女性の育成・登用を着実に進め、管理職、更には役員へという女性登用のパイプラインの構築に向けた取組の支援を行う。

②女性起業家の育成・支援

・ロールモデルとなる女性起業家の創出・育成支援のため、政府機関と民間が集中支援を行うプログラム（J-Startup）において、女性起業家の割合を20％以上とすることを目指す。

・あわせて、女性起業家のためのネットワークの充実、女性起業家による資金調達への支援等を行う。

Ⅱ 女性の所得向上・経済的自立に向けた取組の強化

男女が家事・育児等を分担して、ともにライフイベントとキャリア形成を両立できる環境づくりに向けて、また、女性に多い非正規雇用労働者や経済的に厳しいひとり親世帯の現状等を踏まえ、女性の所得向上・経済的自立に向けた取組をあらゆる観点から進めることとし、下記のような施策を講じる。また、仕事と健康の両立による女性の就業継続を支援する。

①平時や育児期を通じた多様で柔軟な働き方の推進

・長時間労働慣行の是正、投資家の評価を利用した両立支援の取組の加速、多様な正社員制度の普及促進等に取り組む。

・「男性育休は当たり前」になる社会の実現に向けて、制度面と給付面の両面からの対応を抜本的に強化する。

②女性デジタル人材の育成などリスキリングの推進

・デジタルスキル標準やＩＴパスポート試験の活用促進、女性デジタル人材育成プランの実行等に取り組むなど、リスキリングのための環境を整備する。

③地域のニーズに応じた取組の推進

・地域のニーズに応じた女性活躍を支える各地の男女共同参画センターの機能強化を図るとともに、独立行政法人国立女性教育会館（NWEC）による各センターへのバックアップの強化等を図るため、同法人の主管の内閣府への移管や、同法人及び各地のセンターの機能強化を図るための所要の法案について、令和６年通常国会への提出を目指す。

(出典)内閣府「男女共同参画の現状と女性版骨太の方針2023について」から抜粋

女性活躍が女性の地位向上にとどまらず、「経済成長につながる」という狙いを込めて、「女性活躍と経済成長の好循環」という表現になった。

「女性活躍」という言葉がしっくりこないという人は少なくありません。それは、男女が同じスタートラインに立っていて、そこから女性だけを前進させるかのように聞こえるからです。しかしその理解は間違っています。ご覧になっていただいたように、歴史を振り返ると、2000年近くまで日本の職場には性差別が禁止されていなかったのです。さらにさかのぼれば、家庭基盤充実時代を生きてきた60代、70代の世代の価値観によって、「女性は家族を支える役割」という時代の方針が、今でもしみついているのです。これでは「男女同じスタートラインに立っている」とは言えません。

女性活躍と同時に政府が目指したのが、男性育休取得の推進です。「データで見る〝性別ガチャ〟③」で見たように、女性ばかりが育児家事を任されていては、女性が職場で男性と同様に頑張ることは不可能だからです。政府は「共育て」というスローガンを発信し、日本男性も先進国と同じレベルに家事育児を担いましょうと、方針を立てました。男性育休制度もかなり進化し、取得期間や回数が柔軟になりました。

図9　男性育休のポイント（2022年 育児・介護休業法改正）

令和4年10月1日施行
3　産後パパ育休（出生時育児休業）の創設
4　育児休業の分割取得

	産後パパ育休（R4.10.1～） 育休とは別に取得可能	育児休業制度 （R4.10.1～）
対象期間 取得可能日数	**子の出生後8週間以内**に **4週間まで**取得可能	原則子が1歳（最長2歳）まで
申出期限	原則**休業の2週間前**まで	原則1か月前まで
分割取得	分割して**2回**取得可能 （初めにまとめて申し出ることが必要）	分割して**2回**取得可能 （取得の際にそれぞれ申出）
休業中の就業	労使協定を締結している場合に限り、**労働者が合意した範囲で休業中に就業することが可能**	原則就業不可
1歳以降の延長		**育休開始日を柔軟化**
1歳以降の再取得		特別な事情がある場合に限り**再取得可能**

(出典)厚生労働省「育児・介護休業法 改正ポイントのご案内」から抜粋

育休とは別に「産後パパ育休」があることを知らない人は多い。赤ちゃんが生まれた直後だけ男性育休を取るのではなく、妻の職場復帰のタイミングでも育休を取れるようになったので評判がよい。

これからは「共育て」が
キーワード。
妻と同じレベルで
男性も家事育児しよう

性別役割分担世代	60歳以上	専業主婦
均等法第一世代	60歳	1987年入社
共働き世代	50歳	1997年入社
ジェンダー平等世代	32歳	2015年入社
	25歳	2022年入社

＊＊＊＊＊＊＊

ここまで、リーダーが知っておきたい4層の労働背景と男女の役割をおさらいしてきました。いかがでしたでしょうか？　これまで、ダイバーシティにまつわる法律や制度がどんどん変わって面倒くさいな、と思っていた人も多かったと思います。

しかしながら、俯瞰してみるとシンプルな原理が分かってきます。それは、男女という性別によって、生き方・働き方を固定させたり、一方的な要請をしたりしない社会に是正していこうということなのです。日本では諸外国のように処罰的な法律はないため、変化スピードが緩慢なのは否めません。しかし、日本がどこに向かっているのか、その方向性をリーダーは理解して、組織を推進していっていただきたいと願います。

さて次の3章では、〝性別ガチャ〟をなくした職場が、なぜ組織の成長に必要なのかについて、考えていきましょう。

3章

ダイバーシティはなぜ組織の成長に必要なのか？

ここまで、リーダーが知っておきたい日本の労働背景の変遷を学びました。ここからは、より一層「経営戦略」の目線で、なぜダイバーシティが組織の成長に必要なのかを考えていきたいと思います。

組織におけるダイバーシティを語るとき、類語がいくつかあります。言葉のニュアンスや意味をしっかり把握して、リーダーは正しく、上手に使ってほしいと思います。

◎ダイバーシティ

多様性のある環境や状態。「ダイバーシティ経営」とは、多様な人材を組織に入れ、成長につなげることを目指す経営。

◎多様性

職場における多様性は、〈性別・年齢・国籍・人種・宗教・身体的特徴〉などの「属性」を指すことが多い。これに加えて、〈保守的／挑戦的、大胆／繊細、理系／文系、営業に向き／不向き〉などの「特性」も多様性の捉え方のひとつ。「属性」と「特性」を一対一で結びつけることは、ステレオタイプやアンコンシャスバイアスと指摘されている（図10）。例えば、「女性だから理系に不向き」「中高年は挑戦的でない」という考え方は属性と特性を一方的に結び付けている。偏見をなくすのが多様性への一歩。

◎ジェンダー平等経営

職場において、仕事の割り振りや評価昇進、後任者選びなどで、性別によらず公平・平等に行うこと。「補佐的な仕事は女性にばかり頼む」、「社長の後任候補者は男性と決まっている」という状況をなくす。欧米では性別の偏りをなくす組織を作るために、法律、制度（クオータ制など）で強制的に進めている。

◎女性活躍推進

ダイバーシティ経営のなかでも、特に「性別」の多様性を高めるための策。女性が職場で差別・区別されてきた日本の歴史を省み、格差是正を積極的に進める意味で「活躍」という言葉が使われている。しかし、労働背景の歴史を知らなければ、女性だけ優遇されているという誤解を招くため、「女性活躍」を拒む人も少なくない。

図10　多様性には「属性」と「特性」がある
1対1で結びつけない

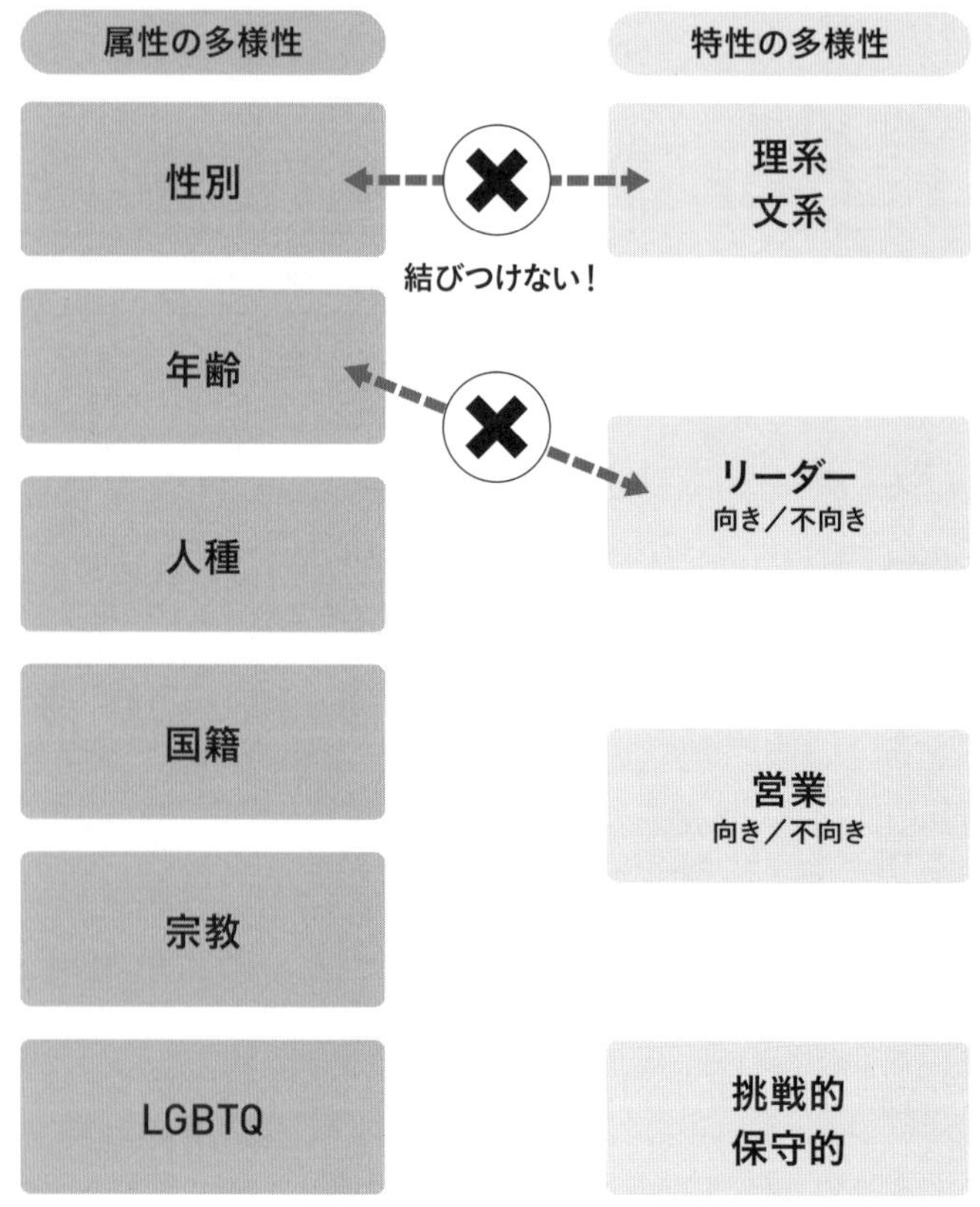

Ⓒ羽生プロ

属性は性別、年齢、人種など生まれながらに付与されるもの。特性は、特徴や個性。このふたつを1対1で結びつけることは、偏見やアンコンシャスバイアスとみなされる。これからのリーダーは思い込みをなくしてマネジメントしていくことが求められる。

ダイバーシティ経営は「3つのメリット」組織の成長に必要な経営戦略

「ダイバーシティ」に「経営」という言葉を付けて「ダイバーシティ経営」という造語を私が初めて発信したのは、2018年頃でした。なぜならば、ダイバーシティという言葉が当時は女性の地位向上や子育て支援という意味だけが強く、経営戦略だというメッセージがなかなか届かなかったからです。

しかしその後、ダイバーシティ推進に関する法律が次々と制定され、今ではまぎれもなく経営戦略であり、組織の成長に欠かせない重点項目になりました。

ダイバーシティ経営には、次のような「3つのメリット」があります。

【ダイバーシティ経営、3つのメリット】

①投資家対策、企業ブランディング
②人材獲得、離職防止
③イノベーション醸成

すべて組織を成長させていく上でとても重要な視点です。どのようなメリットがあるのか（または、やらなければどんなリスクがあるのか）を、具体的に見ていきましょう。

ダイバーシティ経営
メリット①

投資家対策、企業ブランディング

ひとつめのメリットは、「投資家対策」と「企業ブランディング」です。

上場企業は、投資家対策としてダイレクトに効果があるものです。機関投資家から資金を集める必要のある企業にとって、どんな企業を選び投資をするか、投資家の視点をよく知り、対応せねばなりません。その行動指針となるルールが2021年に金融庁と東京証券取引所によって改訂されました。「コーポレートガバナンス・コード」です。

詳しくは、拙著『SDGs、ESG経営に必須！ 多様性って何ですか？ D&I、ジェンダー平等入門』(日経BP)に解説しましたが、ダイバーシティ経営に関する行動指針は次になります。

改訂版コーポレートガバナンス・コード

「企業の中核人材における多様性(ダイバーシティ)の確保」

取締役会や経営陣を支える管理職層においてジェンダー・国際性・職歴・年齢等の多様性が確保され、それらの中核人材が経験を重ねながら、取締役や経営陣に登用される仕組みを構築することが極めて重要である。(略)多様性の確保を促すためにも、上場会社は、女性・外国人・中途採用者の管理職への登用等、中核人材の登用等における多様性の確保についての考え方と自主的かつ測定可能な目標を示すとともに、その状況の開示を行うことが重要である。

（金融庁「金融行政とＳＤＧｓ」から一部抜粋）

つまり、女性を含む多様な人材を役員や管理職に育成・登用している会社は、上場企業としての行動指針にのっとり、機関投資家から選ばれやすくなる（資金が集めやすくなる）というメリットがあります。逆に言えば、多様性が確保されていない企業は、市場から評価されず、投資家の資金も失うリスクがあるということです。

「なんだ、上場企業だけにしかメリットがないのか」とつぶやいた中小企業の経営者のみなさん、中小企業の利点もありますのでご安心ください。それが、「企業ブランディング」です。

現在の大学生や就活生は、共働き志向が強くなっています。「マイナビ　２０２５年卒大学生のライフスタイル調査」では、共働きを希望するのは男子で64％、女子で

74%という結果も出ています。こういった若い世代の就職観に応えられるのは、ダイバーシティを推進している企業で、就活生にブランディングできるメリットがあります。

なお、厚生労働省は2022年に、女性活躍推進法を改正しました。女性の育成・登用などの項目について、行動計画表を作り、実績を公表していくことを101人以上の雇用者がいる中小企業にも義務と課しています。もし法律に対応していない場合は、厚労省から勧告され、企業名を公開されてしまうリスクもあり、大きなイメージダウンとなります。

上場企業も、中小企業も、どちらもダイバーシティ経営は推進すればメリットがあり、逆に怠ると経営リスクにつながるということを、どうぞ知っておいてください。

ダイバーシティ経営
メリット②

人材獲得、離職防止

ふたつめの経営メリットは、「人材獲得と離職防止」です。さきほども触れましたが、就活生が企業を選ぶ視点に、家庭との両立や、個人の人生を大切にするという価値観が増えてきました。少子化によって、若年層の人口がますます減り続けている現在、企業にとって「ヒト・モノ・カネ」のなかでもヒト、つまり人材は最も重要な経営資本となっています。このときに、〝性別ガチャ〟のような旧弊の価値観や職場の雰囲気があっては、学生から選ばれる企業とはなり得ません。

次のグラフを見ると、労働観、家族観が年代で変化してきていることが分かります。内閣府の男女共同参画局が1万人を超える全国の20〜60代男女に聞いた意識調査です。これからの若い世代が、どのような意識で入社してくるかを知っておきましょう。

図11　ジェンダー平等意識は 20代男性のほうが40〜60代女性より高い

性別役割意識　性・年代別

Q 共働きでも男性は家庭よりも仕事を優先するべきだ

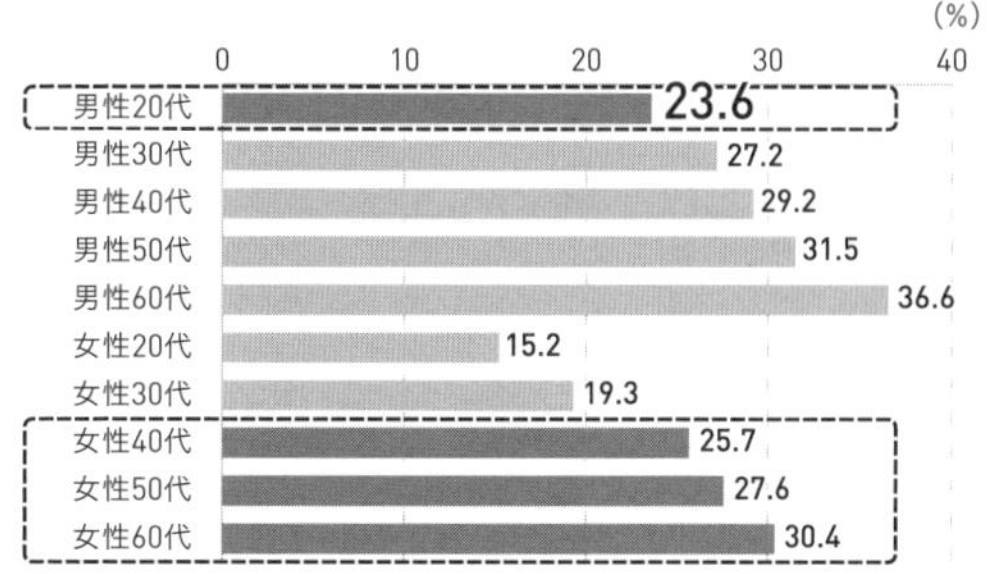

Q 共働きで子どもの具合が悪くなった時、母親が看病するべきだ

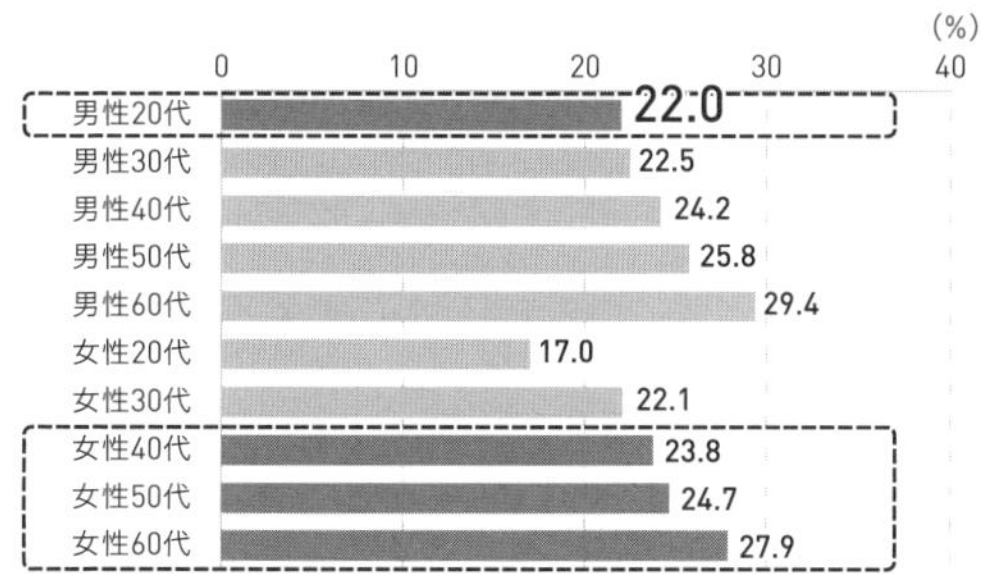

(※参考)内閣府男女共同参画局「令和３年度 性別による無意識の思い込み（アンコンシャス・バイアス）に関する調査研究」から一部抜粋し著者が作図。対象者条件／全国男女20〜60代、回収数／1万330人、調査期間／令和３年8月、グラフの数値／各質問に対して「そう思う」と「どちらかといえばそう思う」と答えた人の割合

（解説）これから就職・転職をする20代の就労観や人生観をしっかり把握しておきたい。「共育て」の意識は、性別に加えて世代間でギャップがあることが分かる。旧弊の価値観を刷新することこそ、人材獲得・離職防止につながる。

20代男性の方が、40代以上の女性よりジェンダー平等意識が高い

質問項目は、共働きを前提として、「男性は家庭よりも仕事を優先すべきか」と「子どもの具体が悪くなった時、母親が看病するべきか」を聞いていますます。結果は、やはり男性の方が「そう思う」と答えた比率が多かったのですが、世代間のギャップにも注目です。

20代男性はそれぞれの質問で、40代以上の女性よりジェンダー平等意識が高く、入社し共働きとなった後も、仕事優先ではなく子育てを大事にするという価値観が生まれています。つまり、「男性だから、女性だから」という〝性別ガチャ〟を克服したダイバーシティ経営企業では、男性の継続就労の意欲も高くなるはずです。

いっぽうで、ダイバーシティ経営に取り組んでいない企業からは「転職したい」と

いう女性社員の声が高まるという結果も出ています。

◎組織全体で全くダイバーシティを理解、推進していない職場の女性
↓転職したいと答えた人「33％」
◎組織全体で全くダイバーシティを理解し、実行している職場の女性
↓転職したいと答えた人「14％」

（日経ｘｗｏｍａｎ『女性活躍サーベイ』２０２１年調査から）

このように、企業にとって何よりも大切な「人」の採用、離職防止。ダイバーシティ推進が行われている企業はまたとないチャンスであり、同時に、ダイバーシティを重視していない組織には、人が集まらなくなってしまうことがお分かりになったかと思います。

ダイバーシティ経営
メリット③

イノベーション醸成

最後に、多様性やダイバーシティ経営がなぜイノベーション（改革や革新）につながるのかについて考えてみましょう。イノベーションを測る方法は難しいため、この種のデータはあまり多くないのですが、私は3つの研究に着目しています。ひとつは、多様性が組織に欠如したときのリスクです。

多様性が欠如した組織のリスク～グループシンク（集団思考）、8つの症状～

①自分たちの集団に対して過大評価する
②過度な楽観主義、「自分たちは正しい」と思いこみ、道徳や倫理を無視する
③外部の集団の弱点を過大評価し、能力を過小評価する
④外部からの意見や警告を無視する
⑤都合の悪い情報を遮断する

⑥集団の決定に異論を唱えるメンバーに圧力がかかる
⑦疑問を持たないように自己抑制を行う
⑧全員の意見が一致していると思う
（出典／Irving L. Janis "Groupthink: Psychological Studies of Policy Decisions and Fiascoes" から一部抜粋）

米国の心理学者が、多様性が欠如した集団が陥りやすい思考を挙げています。規模の大小はあれども、みなさんも同じような経験をしたことがありませんか？　性別、年代、経験（成功も失敗も）が同じ人ばかりの集団では、「おかしいと思うことを指摘できない」、「新しい発想が受け入れられにくい」という傾向が強まります。

さらに、性別の多様性があるチームが、経済的価値を生むことが証明された研究もあります。「男性と女性が存在するチーム」は、「男性だけのチーム」より発明した特許の経済価値が高まったという研究です（図12）。この研究は、日本政策投資銀行の餅友佳里さんが三菱総合研究所の「知財分析支援サービス」から分析したものです。

図12　多様性は組織のパフォーマンスを向上させる【男女チームと男性のみのチームの比較】

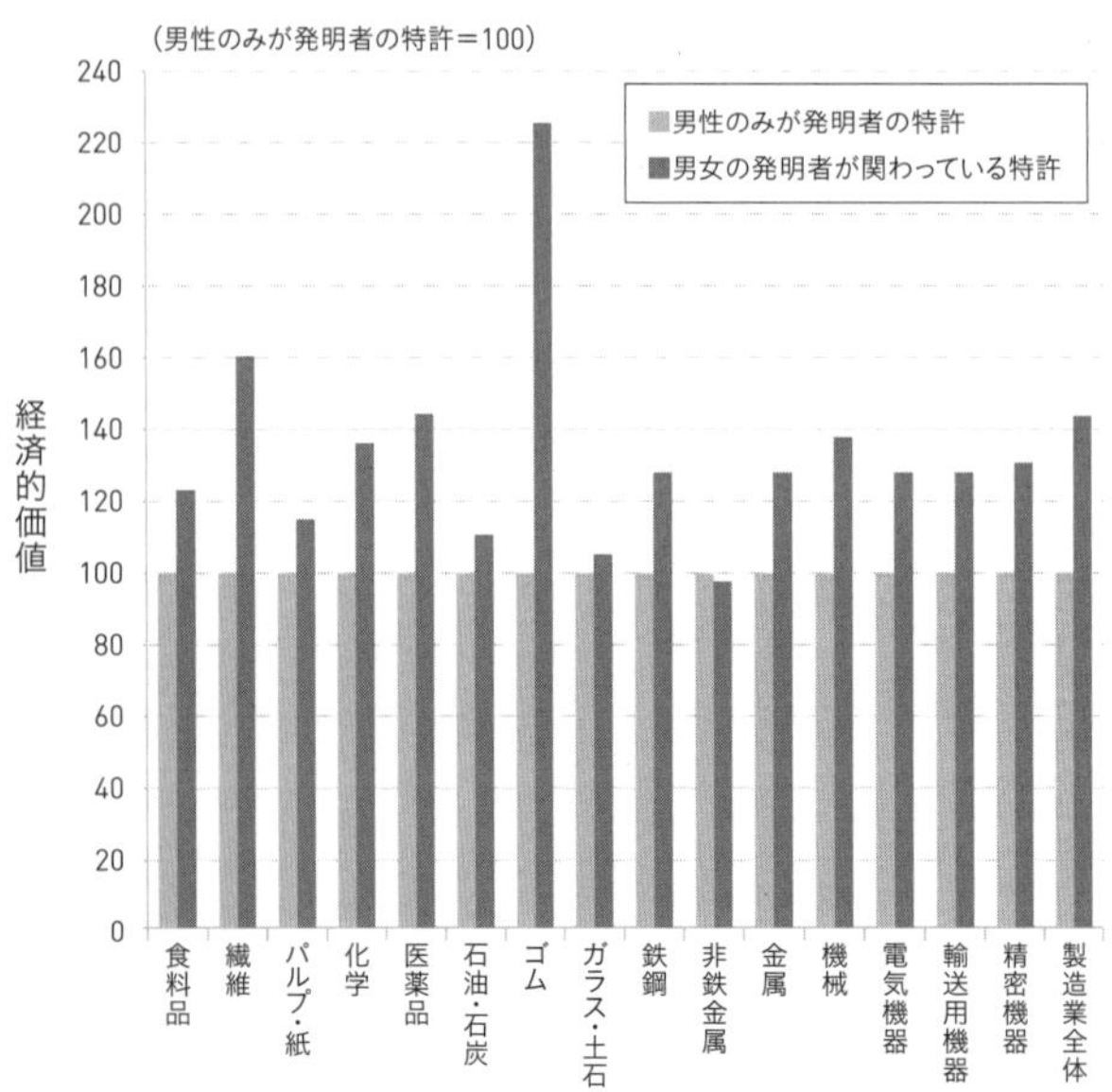

（出典）餅友佳里（日本政策投資銀行）「女性の活躍は企業パフォーマンスを向上させる　～特許からみたダイバーシティの経済価値への貢献度」から抜粋。特許の経済価値は、企業価値（時価、簿価）から算出した特許資産の経済価値と、特許の重要性や第三者からの注目度を指数化した特許スコアに基づき三菱総合研究所が試算。対象特許は過去25年の日本の製造業企業400社の約100万件。

（解説）製造業の業種別に分類して比較した結果、ほぼすべてにおいて「男性のみのチーム」よりも、「男女がいるチーム」の方が、経済価値が高く、企業貢献していることが分かる。

図13　女性活躍は、グローバル化に勝るとも劣らぬ経済価値貢献がみられた

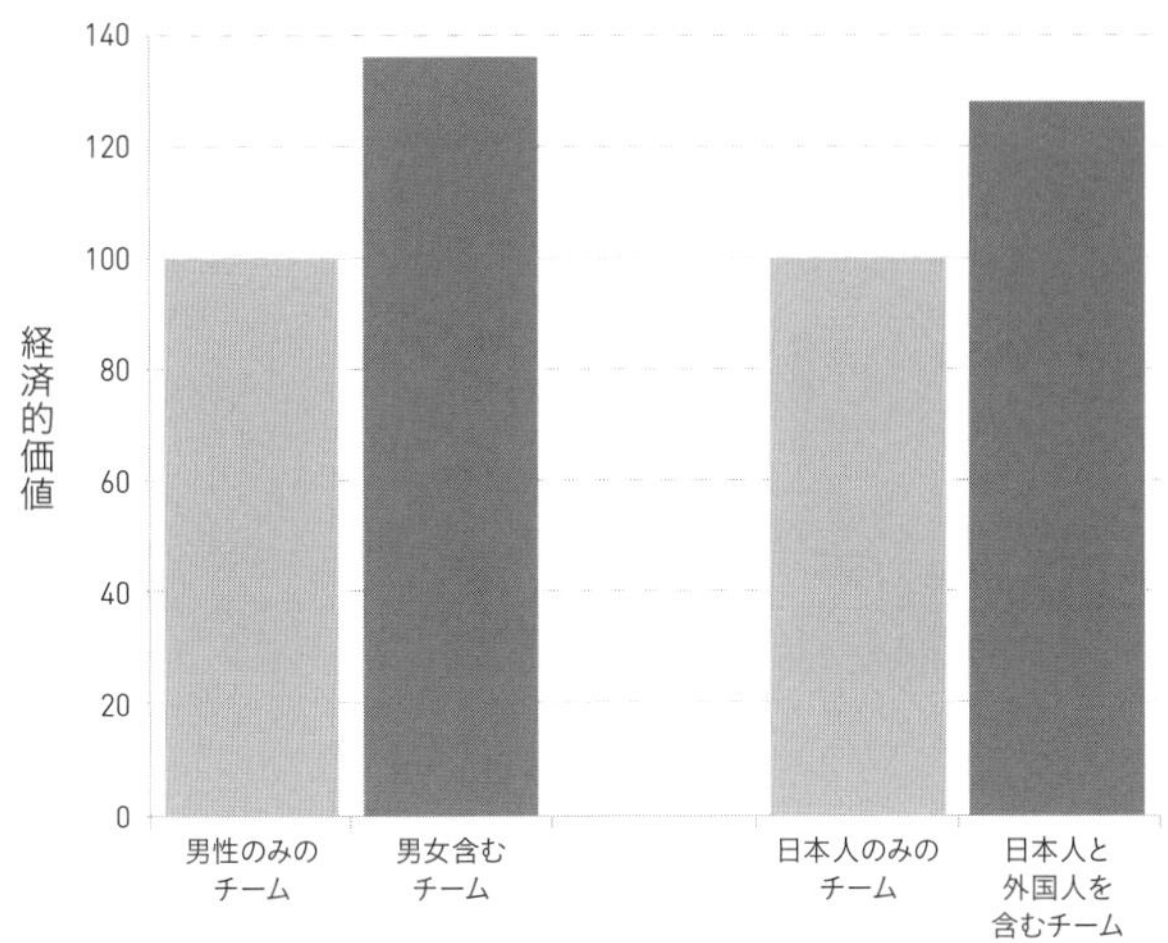

(男性のみのチーム、日本人のみのチーム＝100としたときの、男女含むチーム、日本人と外国人を含むチームの特許の経済価値)

(出典) 餅友佳里(日本政策投資銀行)「女性の活躍は企業パフォーマンスを向上させる　～特許からみたダイバーシティの経済価値への貢献度～」から抜粋。

(解説) グラフの右は、「日本人のみのチーム」より「日本人と外国人がいるチーム」の方が、経済価値が高く、企業貢献していることが分かる。なお、個人発明とチーム共同での発明を比較すると、共同発明のほうが経済価値は高い。ジェンダー、国籍など、属性の多様性がイノベーションに貢献していることが分かる。

図12を見ると一目瞭然ですが、製造業の業種別に分類して比較した結果、ほぼすべてにおいて「男女がいるチーム」の方が「男性のみのチーム」よりも、特許の経済価値が高くなり、企業貢献していることが分かります。女性の理系人材を増やす機運が高まっている現在ですが、企業に貢献できることに自信をもって、女性自身も挑戦してもらえたらと願います。

さらに、グローバル化によるイノベーションも同研究で示されました。図13の右のグラフは、「日本人のみのチーム」と「日本と外国人からなるチーム」で特許の経済価値を比較しています。

ここで注意したいのは、男性がダメだ、日本人がダメだ、と言っているのではないということです。「男女混合」、「国内外のチームメンバー」といったように、属性が多様になることが、イノベーションの醸成につながるのです。日本人男性ばかりで集団となるのではなく、女性も入れ、海外のメンバーも入れる。こういったダイバーシティのあるチームが強いということを学んでいただきたいです。

＊　＊　＊　＊　＊　＊

ここまで、日本の歴史や各種データから、国・企業・家庭にひそむ〝性別ガチャ〟が、いかに組織の成長を阻んでいるかを見てきました。また、〝性別ガチャ〟を克服し、多様性のある組織に進化することが、経営戦略になることも学びました。

さて次の2部では、いざダイバーシティを推進する際の、現場での話に移りましょう。実際の組織でダイバーシティや女性活躍を進めていくとき、社員からさまざまな質問やお悩みが出てくることでしょう。現場によくある10の質問・お悩みに、本音と具体的なノウハウを添えて答えていきたいと思います。

2部

現場あるある「10の質問」に一挙回答！

この3年間で、100社以上の企業、地方自治体、コミュニティで研修や講演をしてきました。そして気がついたことは、質疑応答の時間に、ほぼ同じような質問が挙がるということです。

それは、質問という形に限らず、感想や、モヤモヤ、疑念、反発などという悩みが入り混じったようなものです。なかには、私に質問してくださる方が、マイクを握って質問をしているうちにジワジワと涙がにじんでくるということもありました。きっと、こんな質問を上司や同僚からされたときにどう答えればよいか分からず、悔しい思いをしてきたという経験が、一気にあふれたのかもしれません。

この「モヤモヤ、疑念、反発」に対して組織内で共通認識をもち、スッキリさせなければ、いくら社長が頑張って意欲的な数値目標を立てたところで、残念ながらうまくいかないでしょう。

逆に言えば、みなさんがダイバーシティ経営を推進していく際に、つまずいてしまうポイントは似ているということです。それは、1部でもお話しした通り、1970年頃から続いてきた価値観や〝性別ガチャ〟（性別役割分担）が残っている証拠です。女性が活躍するのがイヤだとか、女性の上司がキライといった属人的な好みの問題に矮小化する前に、客観的な対話で一歩を踏み出していきたいものです。

そこで、せっかくこの本をお手に取っていただいたみなさんに、少しでも活用しやすい情報をお届けしたく、「ダイバーシティが進まない会社の現場によくある10の質問に、一気にお答えする！」というチャレンジをしてみたいと思います。

もちろん、これらは私の考え方や対話の仕方であり、すべてが完全無欠の回答ではないことはご承知おきください。しかし、多くの受講者の方々から、「スッキリした！」「世代や性別を超えて、社内全員で納得した」とのお声をいただいているので、少なからず対話のヒントになればと願っています。まずは、どんな質問や悩みがよく挙がるのか、見てみましょう。

図14

ダイバーシティが進まない！
現場あるある「10の質問」

1. 女性活躍は逆差別だ！
   男性から不満の声が出たらどうする
2. 女性を役員にしたら、会社の業績がよくなるのか？
3. 海外のやり方をそのまま導入しても日本ではうまくいかない
4. DEIって何？　平等と公平の違いは？
   職場に平等は不要！
5. 女性のほうにも原因があるのでは？
   意識を変えてもらいたい
6. 育児分担は夫婦の問題だから、
   人の家庭内に首をつっこめない
7. 紅一点の女性役員がバリバリ働く姿に、
   若手が引いています……
8. 女性は時短勤務が多くて、
   管理職候補になる人がいない
9. 子どもがいない人から、
   「しわ寄せがくる」と苦情が出たらどうする？
10. 若い世代は男女平等だから、自然と女性リーダーは増える

著者作成。企業や行政など、数多くのダイバーシティ研修での質疑応答で得た“生の声”からまとめた。

どうでしょうか？　みなさんの組織内でも、このような話題や疑問が少なからず挙がっているのではないでしょうか。

ではさっそく、次ページからひとつひとつ、実際の講演や研修での質疑応答の内容を、具体的にご紹介したいと思います。

私が質疑応答をするときに意識しているのは、形式的な問答にとどまらないことです。職場は人間同士の感情の交差点。現場の本音をしっかり取り込まないと、上すべりの討論になってしまいます。これまで私が取材した人事の担当者、社長などの経営者、女性当人たちの声をイメージしながら、より実践的な対話になるように工夫しました。どうぞご参考にしてください。

現場あるある
その①

女性活躍は逆差別だ！男性から不満の声が出たらどうする

この質問、または感想は、本当によく聞きます。男性からの質問が多いと書きましたが、このセリフは、意外にも女性からもたくさん出ます。質問の背景には男女それぞれの本音の気持ちが隠れていますので、丁寧に、しかし堂々と返答していくのがよいと思います。

1部で詳しく書きましたが、この質問が出たらまずは、「女性の労働背景、4つの層」（44ページ）をお話しします。

若手の男女は、正義感に目覚める 50代以上も腹落ちし、対話を始める

日本がたどってきたこの歴史を知れば、女性の登用を促すことが逆差別ではなく、むしろ「女性差別（または区別）のあった歴史を、正常に戻す行為」だと分かると思います。

現在は、「ジェンダー平等」が流行語大賞にノミネートされる、性別による差別に敏感な時代になりました。ですから若い世代の感覚からすれば、女性にだけ「役員比率3割」といった数値目標を作るのは、女性優遇と映ってしまうのです。

繰り返しますが、歴史的に日本は1999年まで職場における性別による処遇差別が禁止されてこなかったのです。この事実を知ると、特に20～30代の若手は男女ともに驚愕します。そして、「2025年をめどに女性役員を最低ひとりは登用するよう

図15 “性別ガチャ”の正体
時代ごとの法改正と女性の労働背景

女性活躍推進の必要性を理解するには、各時代の政府方針と労働背景の変遷を知る必要がある。職場における性差別は1999年まで禁止されていなかったことを知らない世代も多い。
※参考：厚生労働省「男女雇用機会均等法の変遷」(mhlw.go.jp)

目指す」という政府の方針も、すんなり納得してくれるようになります。むしろ、「こんな時代背景があったなんて知りませんでした！　ジェンダー平等のためにも数値目標は必要なのですね」と正義感に目覚めます。

いっぽうで、男女雇用機会均等法で職場での性差別が禁止される前に入社した50代以上の方々はどうでしょうか？　実は、この層の方々も歴史を知ることによって、強硬だった態度が、やんわりと軟化します。「俺は85年入社。そういえば、入社した頃はこんな雰囲気だった。時代は変わったんだよなぁ〜」「私は90年入社だから、〝男勝り〟じゃないと生き残れなかった。でも娘たちの世代を見ていると、時代がよくなって嬉しい」など、時代の証言とともに、素直に過去の歴史や進化を受け入れながら対話が始まるのです。素晴らしいことですよね！　好き嫌いではなく、歴史や事実をもとに、冷静に対話をすることで、意見の食い違い（つまり口論）が、前向きな世代間コミュニケーションに変わるのですから。

ですが、ここで一件落着とならないのが、ダイバーシティ推進の難しいところです。

なぜならば、イス取りゲームの理論と同様に、「男性が座っていたイスに女性が座ると、俺たちの昇進はどうしてくれるんだ？」という不満が出るのです。

「俺たちの昇進チャンスが少なくなるではないか？」という感情を直接口にする人は、さすがに多くありません。しかし、人事部が匿名アンケートを取ると、とたんにこの声は増えます。それゆえ、「不満が出そうなので、思い切って女性を登用できない」と人事部が尻込みをしてしまう原因となっているのです。私は、この質問（というより、不平不満）には、こう答えています。

「男性を7割登用します」と同義 それでも女性優遇と言いますか？

「女性を3割登用するということは、男性を7割登用するということです。男性7割を確約するのも同然のこの数値目標。それでも差別と言いますか？」

これは、実は日本を代表するダイバーシティ先進企業の人事担当であるWさんが教えてくれた対応例です。男性のWさんがこのセリフを社内で発すると、さすがに男性陣も何も言えなくなるそうです。

さらに現実的な質疑応答を最近目にしました。こちらも先進的な取り組みをしている大企業の実例です。全管理職向けのダイバーシティ研修の最後に、人事担当役員が、男性社員に向かって冷静に話しました。

「しっかり働いているトップ層の男性は心配しないでください」と、鶴のひと声

「女性3割登用と聞くと、焦る男性もいるかと思います。が、ご心配なく。しっかり

と働き、会社に貢献している優秀な方は、今まで通りリーダーになれます。みなさんのようなトップ層の仕事は、イスが10席から7席になって慌てるようなものではないはずです」と。

ズバリ、経営者の本音でしょう。「イスが10席から7席になっても慌てるな」。つまり、「しっかりと7つの席に座れるような仕事ぶりを期待している」という、男性社員を鼓舞するメッセージです。と同時に、「男女のリーダー比＝7：3」という目標は、決して男性に不利なわけではないという真実を、実にうまく、迫力をもって伝えていると感心しました。「男性から不満が出たらどうする？」という心配がある人事の方は、このセリフを応用するといいのではないでしょうか。

1999年まで
日本の職場では
男女差別（性別ガチャ）が
禁止されなかったことを
みんなで学ぼう

現場あるある
その②

女性を役員にしたら、会社の業績がよくなるのか？

この質問も、本当によく挙がります。このセリフの奥には、「業績がよくなる証拠がないならば、女性活躍やダイバーシティはやらない。やる必要がない」という心理があります。そして、人事担当の方から「いつもこの質問にズバッと答えられないので、肩身が狭いです。悔しいです！」という嘆きのような相談も……。

では、どう答えたらよいのでしょうか？　私は通常、2段階でみなさんにお話しします。まずは、女性活躍と経営の好循環を示しているデータを淡々とお見せするようにしています。次に、より大切で本質的なのですが、「そもそも、なぜそのような問いをするのだろうか？　その問いは公平・公正なのか？」ということを一緒に考えていきます。

営業利益率、株価、PBRなど業績の好循環を生むデータも

まずは「ダイバーシティと業績の関係」を示しましょう。日本のデータ、海外のデータがありますが、どちらもご紹介しますね。まずは日本のデータから。

経済産業省が毎年発行している「なでしこ銘柄」レポートに、株価に関連する複数の指標で優位性があることが発表されています。ちなみに、なでしこ銘柄とは、女性活躍に優れた上場企業を、〝投資家にとって魅力ある銘柄〟として経済産業省と東京証券取引所が最大30社ほど選定している企業群です。現在、政府が推薦しているダイバーシティ先進企業がどのような会社なのかを知るよい機会でもあるので、株価デー

図16　女性が活躍できる企業の業績は市場平均よりも高い

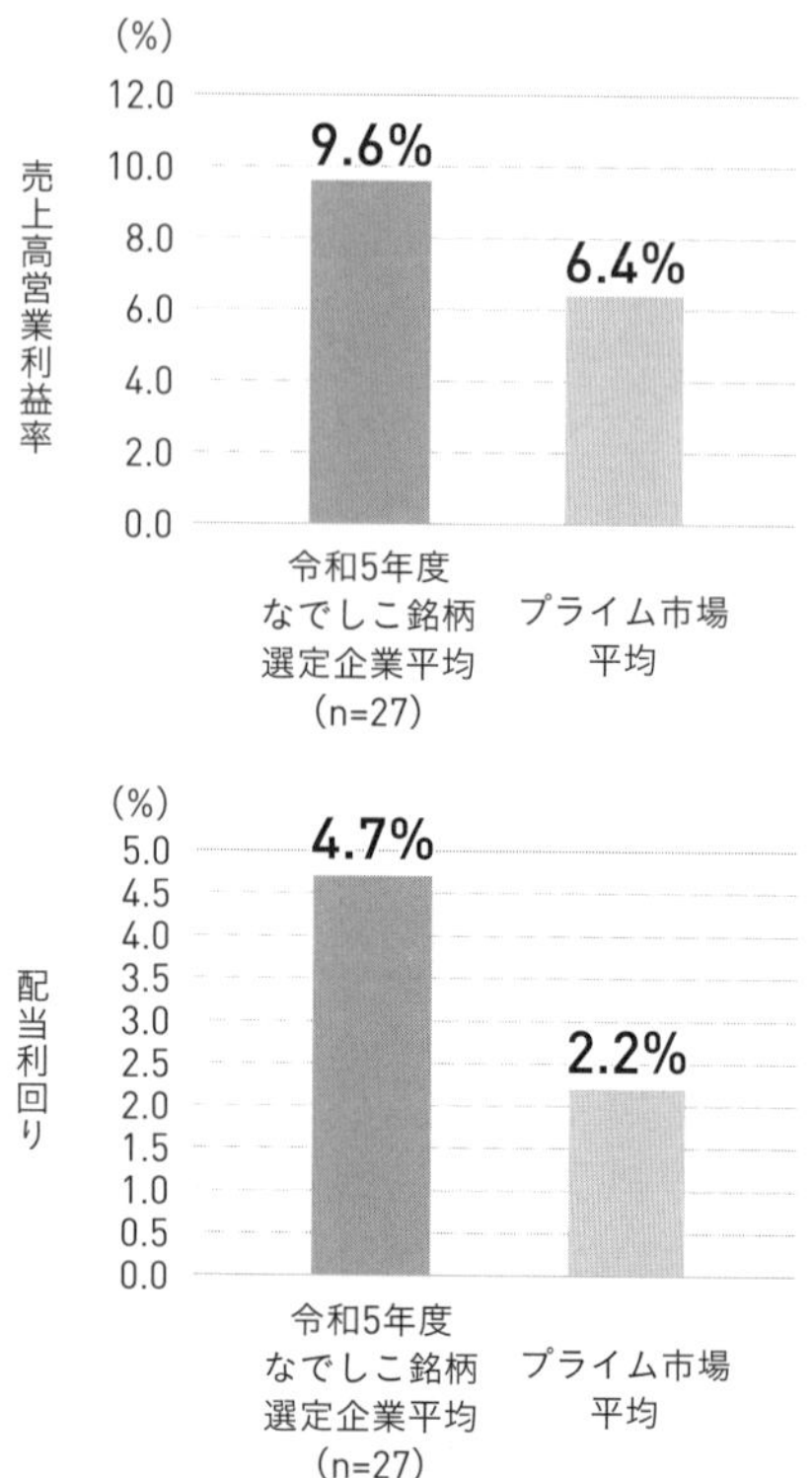

(出典)経済産業省「令和５年度なでしこ銘柄」レポートから

令和５年度「なでしこ銘柄」選定企業27社群の売上高営業利益率と配当利回りを東証プライム銘柄の平均値と比較したもの。令和４年度通期の売上高営業利益率（営業マージン）は「なでしこ銘柄」が市場の平均値を3.2%ポイント上回っている。また、令和４年度通期の配当利回りについても、「なでしこ銘柄」はプライム市場平均と比較して2.5%ポイント上回る結果となった。

図17　令和5年度「なでしこ銘柄」と「Nextなでしこ 共働き・共育て支援企業」選定企業

令和5年度「なでしこ銘柄」選定企業一覧

企業名	業種
味の素株式会社	食品
アサヒグループホールディングス株式会社	食品
出光興産株式会社	エネルギー資源
株式会社LIXIL	建設・資材
株式会社資生堂	素材・化学
株式会社コーセー	素材・化学
中外製薬株式会社	医薬品
エーザイ株式会社	医薬品
株式会社アイシン	自動車・輸送機
住友電気工業株式会社	鉄鋼・非鉄
株式会社技研製作所	機械
株式会社小松製作所	機械
オムロン株式会社	電機・精密
SCSK株式会社	情報通信
パーソルホールディングス株式会社	サービスその他
東京ガス株式会社	電気・ガス
大阪ガス株式会社	電気・ガス
株式会社商船三井	運輸・物流
日本郵船株式会社	運輸・物流
伊藤忠商事株式会社	商社・卸売
株式会社丸井グループ	小売
日本マクドナルドホールディングス株式会社	小売
株式会社ゆうちょ銀行	銀行
株式会社山陰合同銀行	銀行
株式会社大和証券グループ本社	金融（除く銀行）
第一生命ホールディングス株式会社	金融（除く銀行）
三井不動産株式会社	不動産業

令和5年度「Nextなでしこ 共働き・共育て支援企業」選定企業一覧

企業名	業種
大日本印刷株式会社	サービスその他
株式会社かんぽ生命保険	金融（除く銀行）
野村ホールディングス株式会社	金融（除く銀行）
株式会社しずおかフィナンシャルグループ	銀行
株式会社コンコルディア・フィナンシャルグループ	銀行
日本ガイシ株式会社	建設・資材
住友商事株式会社	商社・卸売
富士ソフト株式会社	情報通信
TOPPANホールディングス株式会社	情報通信
サッポロホールディングス株式会社	食品
明治ホールディングス株式会社	食品
株式会社きもと	素材・化学
DIC株式会社	素材・化学
シスメックス株式会社	電機・精密
テルモ株式会社	電機・精密
大東建託株式会社	不動産

(出典)経済産業省、東京証券取引所JPXの公式サイトから

タと併せてチェックしておきましょう。

ちなみに2023年度から、経済産業省は「Nｅｘｔなでしこ　共働き・共育て支援企業」という新たな枠を設けて発表しています（図17）。従来のなでしこ銘柄は、女性リーダーの人数など活躍度を評価していました。いっぽうで「Nｅｘｔなでしこ」では、「共働き・共育てを可能にする、男女問わない両立支援」という切り口を追加しました。まさに〝性別ガチャ〟を克服しようとしている上場企業を、投資家にとって魅力的だと発信しているのです。16社の社名と業種のリストを掲載したので、参考にしてみてください。

この他にも、ＰＢＲ（株価純資産倍率）を比較した指標や、日経平均株価と比較したときの優位性など、さまざまなデータが挙げられています。

このような女性が活躍できている、または、女性活躍推進に注力している企業の、業績との好循環分析は、日本だけでなく、海外でもたくさんレポートとして発表されています。

例えば次の海外のデータを見てみましょう。110ページから掲載するふたつのデータは、日本の内閣府男女共同参画局が「企業が女性活躍に取り組むことのメリット」として挙げているもので、よく解説に使われています。ひとつは、役員に女性がいる企業のパフォーマンス（株価）は高い傾向にあるということ。株価だけではなく、ROE（自己資本利益率）やEBITマージン（イービットマージン、本業の収益力を測る指標）なども優勢なのがお分かりになるかと思います。

注目したいのは、これらのデータは、ゴールドマン・サックスやマッキンゼーなど、海外でも代表的なシンクタンク組織が世界各国を対象に調査し、発信している点です。言い換えれば、ダイバーシティ経営と業績の好循環は、今や世界標準の基礎知識となり、求められつつあるということです。今後グローバル展開がますます進んでいくと思いますが、日本企業もれなく、こういった視点で評価されることを覚えておきましょう。

図18　取締役会における女性の割合が高いほど、株価も高い

(出典)内閣府男女共同参画局「企業が女性活躍に取り組むことのメリット」資料

取締役会における女性割合が高い企業ほど、株価パフォーマンスは高い。備考 / Credit Suisse Research,MSCI ACWI, Refinitiv（調査対象は46カ国の企業約3000社）。2010年の株価パフォーマンスを100としている。

図19　役員に女性がいる企業のROE、EBIT（イービット）マージンは優勢

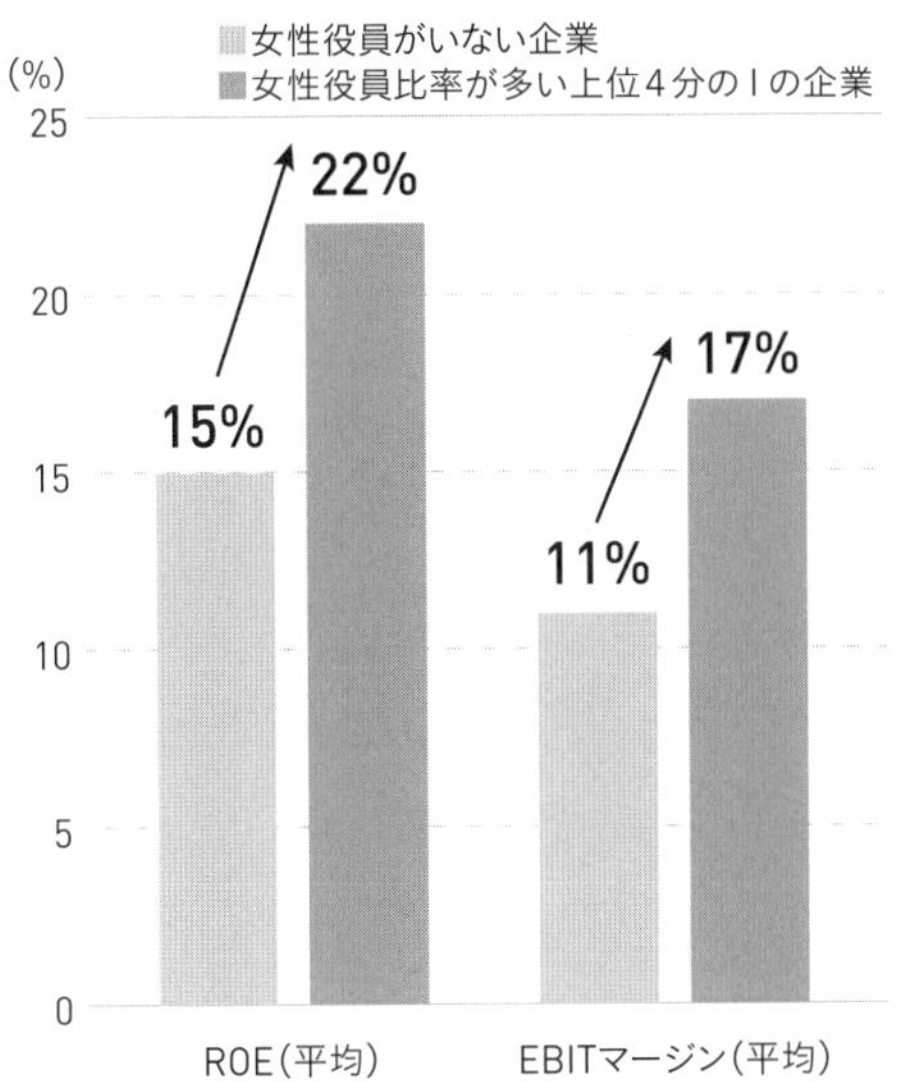

(出典)内閣府男女共同参画局「企業が女性活躍に取り組むことのメリット」資料

海外の企業において、女性役員比率が高い企業の方が、女性役員がいない企業よりも、ROE（自己資本利益率）やEBITマージン（本業の収益力を測る指標）は高い。
備考／McKinsey & Company"Woman Matter: Time to accelerate: Ten Years of Insight into Gender Diversity"(2017)(調査対象は10カ国の企業約300社、日本を含まない)。EBITマージンは利息と税金の影響を除いた本業の収益力を測定する指標。

男性を登用するときにも「必ず業績が上がるのか？」と聞きますか？

このように、国内外のデータはたくさんあるのですが、講演や研修でこの質疑応答をするたびに、私はむなしくなります。なぜかというと、この質問は、いかに職場において男女間の扱いが不公平、不公正かということを痛感させられるからです。

業績データをいくら見せても納得がいかないという方は、少なからずいらっしゃいます。例えば、「ダイバーシティ先進企業は、もともと業績がよく安定している大企業だから、株価が優位なのではないか？」、「これらのデータは結果であって、相関関係が証明されていない」、「大企業だけではなく、地方にある中小企業でも証明できるのか？　それが証明されなければ、女性登用は積極的にする必要がない」などなど……。

ここで一度立ち止まり、冷静に考えてみましょう。そもそも、女性リーダーを育成したり、登用したりするときにだけ、なぜ「本当に業績が上がるのか」と質問してしまうのでしょうか？　男性リーダーを登用する際にも、「この男性社員を取締役にすることによって、必ず業績はよくなると証明せよ」と言うのでしょうか？　答えはもちろん、「いいえ」です。

当たり前のことですよね。現在、日本企業における男性の役員は、約9割です。男性を9割登用しながら、株価や業績は、毎年変化しています。よい期もあれば、悪い期もある。「男性が役員に登用されることによって、業績は必ずよくなる」ことなどあり得ないのです。もしそんなことが実証されているならば、日本企業はどんなに順調であることでしょうか……。

その質問は、公平公正ではない

女性登用にだけ厳しい条件を突きつけるのは、公平・公正な職場とは言えません。公正は、国連が掲げているSDGsのゴールのひとつでもあります。すべての人（性別、国籍など）に公平性をもたらし、フェアな職場環境、教育環境を作っていくことが、今を生きる大人の責任です。そのためには、性別や国籍などの属性によって、登用条件を区別・差別してはなりません。このことを理解し実行できる人が、今後求められていくリーダーだと私は思います。

「男性を登用したら
業績がよくなるのか」
とは問わないよね?
女性にだけ問うのは
公平ではないよ

現場あるある その③

海外のやり方をそのまま導入しても日本ではうまくいかない

「海外のやり方をそのまま日本社会に導入しても、うまくいかない。なので、日本の文化や人々の意識に合ったやり方を模索していかねばなりません」……。

一体この言葉を、私は何度聞いたことでしょうか。ときに政府主催の有識者会議で、ときに女性役員がひとりしかいない男性中心の組織で、10年以上も聞き続けてきました。ミーティングの最後に、締めの言葉としてうやうやしく発言されます。そして、その場のほとんどを占める男性陣が、うむうむ、と強くうなずくのです。

「ヨーロッパ諸国では、クオータ制（比率割り当て）などの法律を作り、各国で数字が伸びていきました」。「アメリカでは、おもに金融市場で上場ルールを設け、上場企業がダイバーシティに対応していきました」。このような海外成功事例を聞いてもなお、「このまま日本に導入しても成功しない」と主張し、抜本的な制度決定を先延ばしにしてきたのです。「日本に合ったやり方」を模索し続け、20年がたちました。その結果、日本オリジナルの効果的な手法は見つかりましたか？　いいえ、見つかってはいません。その結果が、まさにジェンダーギャップ指数の下落であり、ダイバーシティ経営の世界からの遅れなのではないでしょうか。

諸外国でも自然と女性活躍が進んできたわけではない

現在、日本が水をあけられている国々も、20年前には日本と同じような状況でした。外部からの制約（クオータ制、会社法、上場ルールなど）を設け、意識的・積極的に推進してきた歴史があります。次の表は、ダイバーシティを積極的に進めてきた諸外国の取り組みと、女性役員比率の推移をまとめたものです。

日本は現在、政府目標（女性版骨太方針）を掲げていますが、ＥＵ諸国の法律やアメリカの上場ルールにみられる義務や罰則はありません。すべて「努力目標」です。この違いが、20年間同じ場所で足踏みをし、一歩を進められなかった理由です。

クオータ制とは、性別や人種など生まれながらの属性において、不平等・不公平な力関係がなくなるように、一定の比率で人数を割り当てる制度のことです。ポジティブ・アクション、つまり格差是正の行為のひとつです。

例えばフランスでは、２００６年のジェンダーギャップ指数は１１５カ国中、70位と欧州のなかでは下位でした。そこで、２０１１年に取締役クオータ制を制定。上場企業や、条件付きで非上場企業などを対象に、「取締役会および監査役会の男女比率をそれぞれ、２０１７年までに40％にする。40％に達するまで、取締役または監査役

図20　諸外国では、クオータ制や上場規制で女性活躍を進めてきた

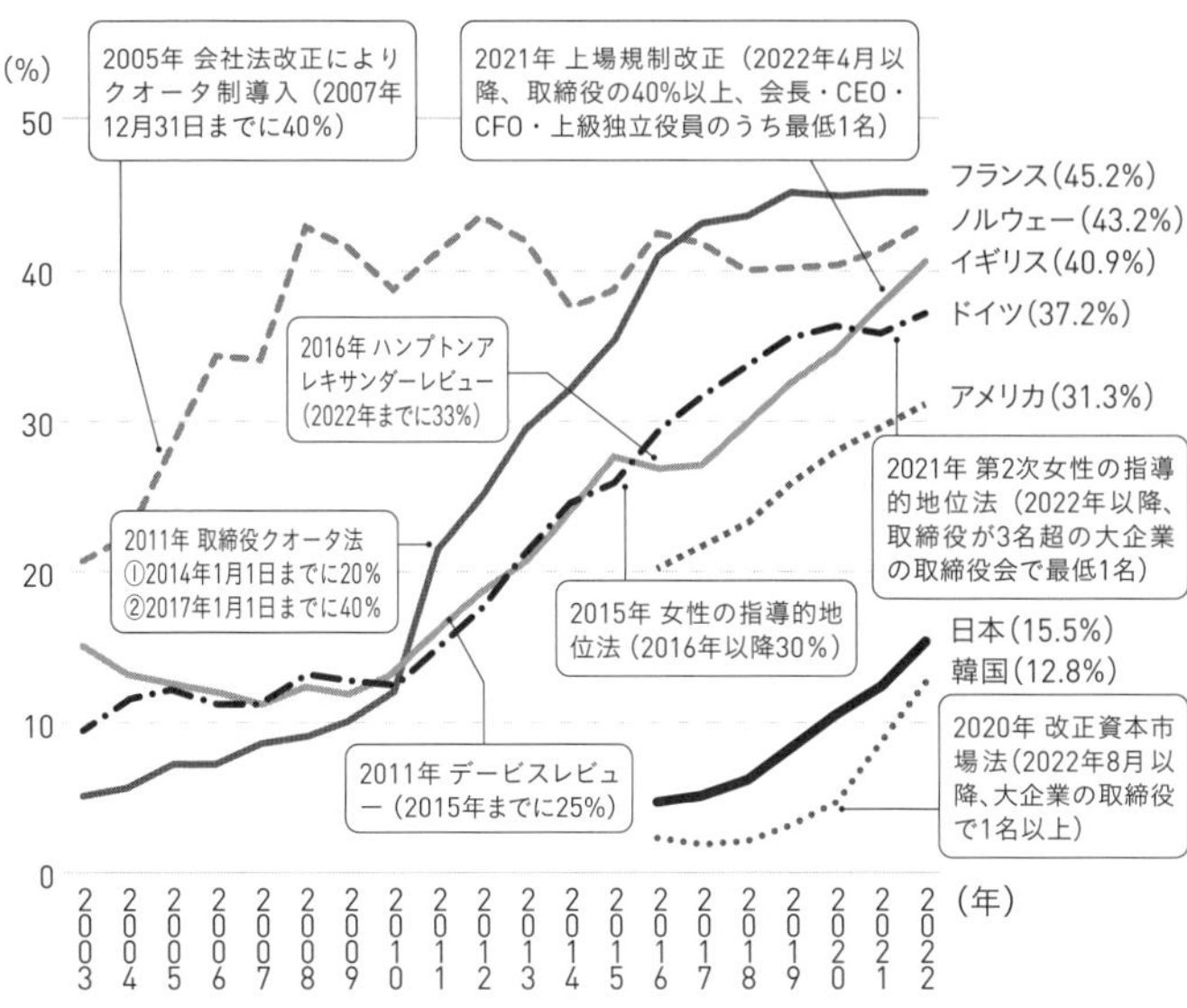

(出典) 男女共同参画局資料「女性活躍と経済成長の好循環の実現に向けてデータ集」、OECD "Social and Welfare Statistics"

20年前の2000年代初頭から、義務や罰則の程度に差はあるが、諸外国では数値目標などダイバーシティ経営に関する法律設定を進めてきた。これにより、企業役員に占める女性比率を向上させてきている。

備考／EUは、各国の優良企業銘柄50社が対象。他の国はMSCI ACWI構成銘柄（2800社程度、大型、中型銘柄）の企業が対象。

の報酬の一部の支払いが停止される」という、罰則付きのものでした。その結果、2020年には女性役員比率は45％以上へと上昇したのです。

クオータ制や上場ルールなど意識的に是正してきた

フランスだけではなく、イギリス、ドイツ、スペイン、イタリア、ノルウェーなど、ヨーロッパにおいては多くの国が企業や議員に関してペナルティ付きのクオータ制を導入しています。アメリカでは、NASDAQで上場規定において役員に対するクオータ制を設けています。企業役員も、議員も、日本は女性比率の数値が上がらないのに、クオータ制の前向きな議論をしてきませんでした。このように拒否し続けている国は、少数派です。

もちろん、すべての分野において比率割り当てをするのは、一概にはよいとは言えないとも思います。しかしながら、数値目標を立てておきながら改善がみられない状況を放置するのでは、達成は叶いません。ジェンダーに関する話だけでなく、人種なども含め、格差是正を達成するためにクオータ制は有効な手段だというのが、現在のグローバルでの認識です。

クオータ制を拒む空気
政治で女性比率が低いのが原因

私は10年間ほど政府の会議で女性活躍について議論してきましたが、これまではクオータ制について俎上(そじょう)に載せることすらない、といった雰囲気でした。「そんなことを提案したら、男性が不愉快な思いをする」、正直、そんな忖度がありました。

その根本的な原因は、やはり政治の現場に女性が少ないことにあると思います。法律を作っているのは政治家です。男性で固められた組織のなかでは、「日本のやり方がある」と言っていれば、年長の主導者たちから目をつけられることがなく、無難な言動と映るでしょう。しかし、各国の歴史や数値データを目の前にして、依然として「海外のやり方ではうまくいかない」と主張するのは、いかがなものでしょうか。あまりに非論理的で、本当のリーダーの言論と言えるでしょうか？　これからの世代を導く若い層から、〝日本なりのやり方という言い訳〟を突破して、一歩二歩と、改善していくリーダーが増えてほしいと願います。

「日本に合ったやり方」
という言い訳、
そろそろ
やめない？

現場あるある
その④

DEIって何？平等と公平の違いは？職場に平等は不要！

「DEI」という言葉をご存じでしょうか？

D＝ダイバーシティ（多様性）
E＝エクイティ（公平、公正）
I＝インクルージョン（包含、包括）

の3語の頭文字を取った略語です。ダイバーシティを推進する企業が掲げるキーワードとして、近年注目されています。

余談ですが、組織論や人事用語に、カタカナ用語って多いですよね……。こういったカタカナ用語は、おもに外資系企業の経営論やマネジメント手法をお手本として、日本企業に続々と導入されています。私も新たな考え方や用語を日々勉強していきます。特にダイバーシティの分野では、性別だけでなく、人種や国籍、宗教、LGBTQなど、グローバル企業内には多様な属性の従業員が存在するので、日本より10年も20年も先を進んでいる印象です。そのため、組織論やチームマネジメントにおける言葉も、カタカナが多いのです。

インクルージョンは「違うものを、違ったまま」包含する

さて、その中でもここ3年くらいで普及、定着してきた言葉が、このDEIです。

「D＝ダイバーシティ」は、多様な人材を組織に入れるというアクションを伴うの

で、イメージしやすく、理解も進んできました。例えば、「女性役員を3割にする」とか、「男性の育児休業取得率を5割にする」とか、数値目標が立てやすいのが特徴です。

次に、「I＝インクルージョン」はどうでしょうか？　この言葉、日本語では「包含、包括」という意味ですから、多様な人材を組織に入れたあと、それぞれの特徴や違いを理解し、包括しようという考え方です。

このインクルージョンの意識がなければ、結局のところ「自分と違う属性を排除する」という意識は変わらず、ダイバーシティは本質的に実行されたことにはなりません。ある集団において数的に少数派である人々を、多数派に同化させてしまっては多様性の意味がないのです。違うものを違ったまま、受け入れて集団として組成する。これがとても難しい。

よくある失敗事例で説明します。女性を紅一点として取締役に登用しても、その他の男性役員と同じような考え方や、ふるまい方を期待するのでは、多様性があるとは言えません。「空気を読まないで発言するので、女性は困る」などという考えは、ダイバーシティを根本的に理解していない証拠です。考え方だけではなく、働き方（長時間残業しなければ怠けていると認識される、週末は取引先と接待ゴルフをして一人前、など）をも同化させてしまっては、インクルージョン＝包括とは言えないのです。

難しいけれども本質的という意味で、ダイバーシティよりも言葉を先にして、「I&D」と表すグローバル企業も少なくありません。

そしてさらに理解が難しいのが、「E＝エクイティ」という概念です。日本語に訳すと「公平、公正」という意味です。具体的にはどんなことなのか、考えていきましょう。

女性活躍推進における公平公正は「背の低い人に足台を用意する」ではない！

エクイティ（Equity）を解説するためによく用いられているイメージ図がありますが、実は誤った考え方を広めてしまう危険性があると思っています。図21の上にあるイメージ図です。

背の高さが大・中・小とそれぞれサイズが違う3人が、塀の外から向こうの野球場を覗こうとしているという風景です。みなさんは、この絵をご覧になったことがありますか？

実はこの絵、エクイティ（公平・公正）のなかでも、身体的ハンディキャップのある人材の雇用や職場環境の整備について解説した資料が元になって、その後さまざまな解説と共に広がったものなのです。

図21　エクイティ＝公平・公正の誤解しやすいイメージ図

Ⓒ羽生プロ

野球場を見ている上のイラストは、男女の職場におけるダイバーシティについては誤解を生みやすい。女性＝背が低く男性よりも劣っているので「ゲタをはかせて助ける」という間違った解釈に。本来のエクイティ（公平、公正）は、下の「段々畑」をなくすイメージ。性別や人種が理由でチャンスから遠ざけられることなく、どんな仕事の機会にも、誰でも公平にチャレンジできるような環境を目指す。

野球場の図を使っている限り、「（背の高い）男性の基準に合わせていては、（背の低い）女性が野球を見られない。背丈の足りない分だけ足台を用意して、どんな背丈の人であっても野球を見られるようにしてあげよう」というメッセージになってしまいます。

……しかし、これをそのまま「ダイバーシティ推進、女性活躍」の文脈に当てはめてよいものでしょうか？　私はダメだと思います。なぜなら、職場においては〝背の高さ〟ではなく、各人の〝能力やスキル〟が評価されて採用され、働いているからです。身体的な特徴は、まったく関係のない話なのです。

この簡単なトリックに気がつかず、野球場の絵を、女性活躍推進の「公平、公正」と間違って理解してしまうと、次のような認識になってしまいます。

「女性は男性より劣っているので、男性と同じ風景を見ることができない。男性に追いつくためには、足場を用意して、見える景色が公平になるようにしてあげる」

まさに、「女性にゲタをはかせる」というゲタ論争を生む温床ですね。この間違った理解のままだと、「職場に平等は不要だ！　実力主義でいけ！」となります。

では、公平・公正を解説する適切な絵はないものでしょうか？　私が探してみたところ、ピッタリなものがなかったので、「段々畑」をイメージして描いてみました。それが図21の下のリンゴ畑の絵です。

同じスタートラインに立てているか？「機会を公平に与える」のがエクイティ

職場の公平・公正というのは、簡潔に言うと「誰でも公平にチャンスにアクセスできること」だと考えます。言い換えれば、「機会を平等にし、誰もが公平にチャレンジできる職場環境」です。努力をして手を伸ばせば、誰もがリンゴを手に入れることができます。

例えば、次のような行為や考え方は実際にあったケースですが、「機会が平等ではなく、公平にチャレンジできていない」と言えます。

・今まで管理職は男性だけだったので、候補者リストに女性を挙げない
・営業部門はハードなので、若い女性には無理だろう
・育休を長々と取るような男性は、きっと仕事の能力がないのだろう
・LGBTQの人がチームに入ると、人間関係が微妙になるのではないか

これらの考え方は、すべて各人の能力や個性を見ずに、属性（性別や年齢など）によって一方的にマイナス評価を下し、同じスタートラインに立たせていません。

では、どう改善したら、エクイティ＝公平・公正のある職場になるのか。次のよう

な改善案や考え方にシフトしてみましょう。

- 今まで管理職は男性だったが、すべての性別が候補者となる可能性がある
- 営業部門はハードだが、若い女性も育成し、登用できる
- 男性育休取得期間と、ビジネス能力やスキルは無関係で、公平に評価する
- ＬＧＢＴＱの人のビジネススキルは、性的属性と無関係で、平等に接する

性別・人種・年齢を理由にチャンスから遠ざけない

先に示した「リンゴに手が届かない段々畑」を見て、性別・人種などが理由で一段下げられ、チャンスから遠ざけられている人がいるということを知ってほしいと思い

ます。こういった「一段下げられる経験」をしたことがない人にとっては、想像しがたいことだと思います。しかし、能力やスキルを誠実に見ることもなく、「自分と違う属性だから」というだけで排除したり、機会を奪ってはいけません。能力や意欲があれば、誰でも同じスタートラインに立てるべきであり、そのような環境を作っていくことが、エクイティの本質だと思います。

エクイティは、
誰でもチャンスに
公平にアクセス
できること！

現場あるある
その⑤

女性のほうにも原因があるのでは？意識を変えてもらいたい

女性活躍における質疑応答タイムの中盤戦でよく聞かれる声がこちらです。「女性の意識も変えてもらわねば、ダイバーシティは進まない」という意味で、「女性にも原因がある」という意見です。なぜ中盤でこの質問が出てくるのかというと、男性の意識だけに原因があるという討論をしていくと、「女性側にもモンダイがある！　性別役割意識が本人たちにも根強く残っていて、消極的。だから管理職が増えないのではないか」と、本音や不満が出始めるからです。

女性社員はキャリア放置、育成放棄されてこなかったか？

私は、「女性の意識も変えてもらわねば、ダイバーシティは進まない」という課題感には、全面的に同意します。〝性別ガチャ〟は、男女ともに克服していかねばならないからです。しかしそれは、「男性社員と同様に、女性社員も育成してきた」という企業の姿勢が大前提です。

男性にはやりがいのある難しい仕事を与え、失敗を経ながらも着実に昇進していくキャリアルートがある。いっぽうで、女性には（できない、もしくはかわいそうだと思って）チャレンジングな仕事は与えず、いつまでたっても補佐的な仕事を与えてきた。いわば〝キャリア放置、育成放棄〟をしてきたというのでは、これぞ〝性別ガチャ〟です。これまで女性に対する育成放棄をしておきながら、急に「キャリアに消極的だ」と言うのは不当であり、人的資本経営が求められている今、あまりにも無責任です。

しかし、女性も男性も区別なく人材育成をしてきたという大前提があった上でなら、話は別です。男女ともに育成してもなお、女性が「管理職になりたくない」と消極的な場合は、女性側の意識も進化してもらわなければなりません。

管理職候補として打診したときの反応として、女性からよく聞くのがこのような答えです。

「私はえらくならなくていいです。今の仕事のままで、安定して働き続けたいです。同じお給料でいいので、昇進せず今のまま働ければ結構です」

一見すると、しおらしく組織に従順な印象をもちますね。しかし残念ながら、この考え方は、もはや現在の職場では通用しません。「昇進せずに、今のお給料のままで働き続けたい」という姿勢は、なぜ変えていかねばならないのでしょうか？

少子化で生産年齢人口が減っている 女性も管理職を担う必要がある

私が組織でお話しするときは、次のメッセージをしっかりと説明し、女性従業員に〝男性と同じく、育てる対象として期待しているんだ〟と丁寧に伝えています。

大切なのは、「組織の維持・成長のために、全員の貢献が必要です」というメッセージです。ご存じの通り、少子化がまったく止まらないなか、日本の労働力人口の構造が大きく変わり続けています。大まかに言うと、生産年齢人口（15～64歳）の総数が大きく減っているということです。

■**生産年齢人口（15～64歳）は30年間で1546万人も減少**

ピーク時　1995年　8716万人

推　計　2025年　7170万人

（内閣府「令和4年版高齢社会白書」2022年より）

日本の生産年齢人口は、１９９５年をピークにして、この30年間で約１５５０万人の減少が見込まれています。原因は、止まらない少子高齢化です。

団塊世代が今は70代後半の年金受給者となり、男性の生産年齢人口は大幅に減ってきました。組織で上層の役職を担ってきた男性たちが、どんどん退職しているということです。再雇用制度が普及し、今でも現場で働き続ける60〜70代も増えてはいますが、部長などの管理職は、若手が担っていかねばならないのです。

そのいっぽう、吉報もあります。それは、女性の労働力人口が長期的に増加し続けているという事実です。１９９５年から２０２４年の間に、約４４０万人も増加しています（総務省「労働力調査」２０２４年）。

■女性の労働力人口は29年間で約440万人増加

1995年1月　2701万人
2024年1月　3142万人

（総務省統計局「労働力調査（基本集計）2024年」より）

共働き世帯が増え、出産後の職場復帰も急増しているので、女性の労働力人口が増えてきたのです。

このふたつのデータを総合して考えてみましょう。急スピードで進行する少子高齢化が原因で、日本では、これから組織の中心を担っていく若手層が足りなくなっていきます。その減少分を、頼もしく増えつつある女性が担う必要がありますし、担う潜在力も十分にあるということです。

組織を維持していくには、女性も男性と同様に、リーダーや管理職として会社を成長させていくことに貢献する責任があるのです。これが、女性がいつまでもアシスタント的な役割にとどまり、「このままえらくならなくてもいい」というわけにはいかない理由なのです。もちろん全員が全員、〝えらくなる〟とは限りません。みなさんの社内を見渡してみてください。男性だって管理職になる人と、ならない人はいます。しかし、育成の機会そのものを拒みながら、安定して組織に居続け、安定したお給料をもらい続けるという時代は終わった、と言う他はありません。この点を、しっかりと社員には理解してもらわなければいけません。

おさらいすると、まず組織が、女性に対してキャリア放置、育成放棄をしてこなかったかを振り返りましょう。その上で、女性たちも、組織を維持・成長させていくために変化が必要であり、会社は女性社員の成長を期待しているということを丁寧に伝えるとよいかと思います。

会社は女性の
育成放棄をしていない？
女性の意識も
「えらくならなくていい」はNG

現場あるある
その⑥

育児分担は夫婦の問題だから、人の家庭内に首をつっこめない

こちらの質問・意見は、一体どのようなものでしょうか。具体的に説明していきましょう。

「夫婦の育児分担に、会社がどのくらい関わればいいか、関わってもいいものなのか？」という質問は、最近よく相談されることのひとつです。ある講演で、ダイバーシティ推進に取り組んでいる男性部長から、こんな質問がありました。

「自分のチームに子育て中のワーキングママがいる。彼女は優秀なのでリーダー候補

として育成したいと思っている。しかし、病児の緊急対応や学校行事、家事のほとんどすべてを彼女が担っている様子で、時短勤務からフルタイムに戻す気配もない。人の家庭内のことですし、夫婦間の育児分担については、会社としては首をつっこめないですよね？　どうしたらよいでしょうか……」

これは、共働き子育て夫婦が増えてきたという証でもあり、最近よく聞く悩みです。そんなときに、私がお答えする意見は、こうです。

「人の家庭のこととして放置せず、〝共育て〟を促してみるのも、これからのリーダーの役割ではないか」です。その理由を説明していきましょう。

会社も「共育て」へシフト
「妻がメインで育児」を前提にしない

政府による「女性版骨太の方針２０２３」にも表明された通り、日本が目指していく女性活躍の方針のカギとなるのが、「共働き・共育て」です。この20年間、女性が子どもを産んだあとも職場復帰をして、夫婦ともに働き収入を得る「共働き」カップルは増加し続けました。23年の統計では、共働き世帯は全体の71％です（この数字は、農林業雇用者を除いているので、それを加えたらさらに割合が上がります）。

2023年　共働き世帯　1278万世帯／専業主婦世帯　517万世帯
【比率】共働き71％、専業主婦29％（合計1795万世帯）

この20年間の共働き化は目覚ましく、女性の経済的・精神的自立の面で大変素晴らしいことでした。しかし、欠けていたのが「共育て」の意識でした。母親だけが両立

図22　この20年間「共働き化」は進んだが「共育て」の視点が欠けていた

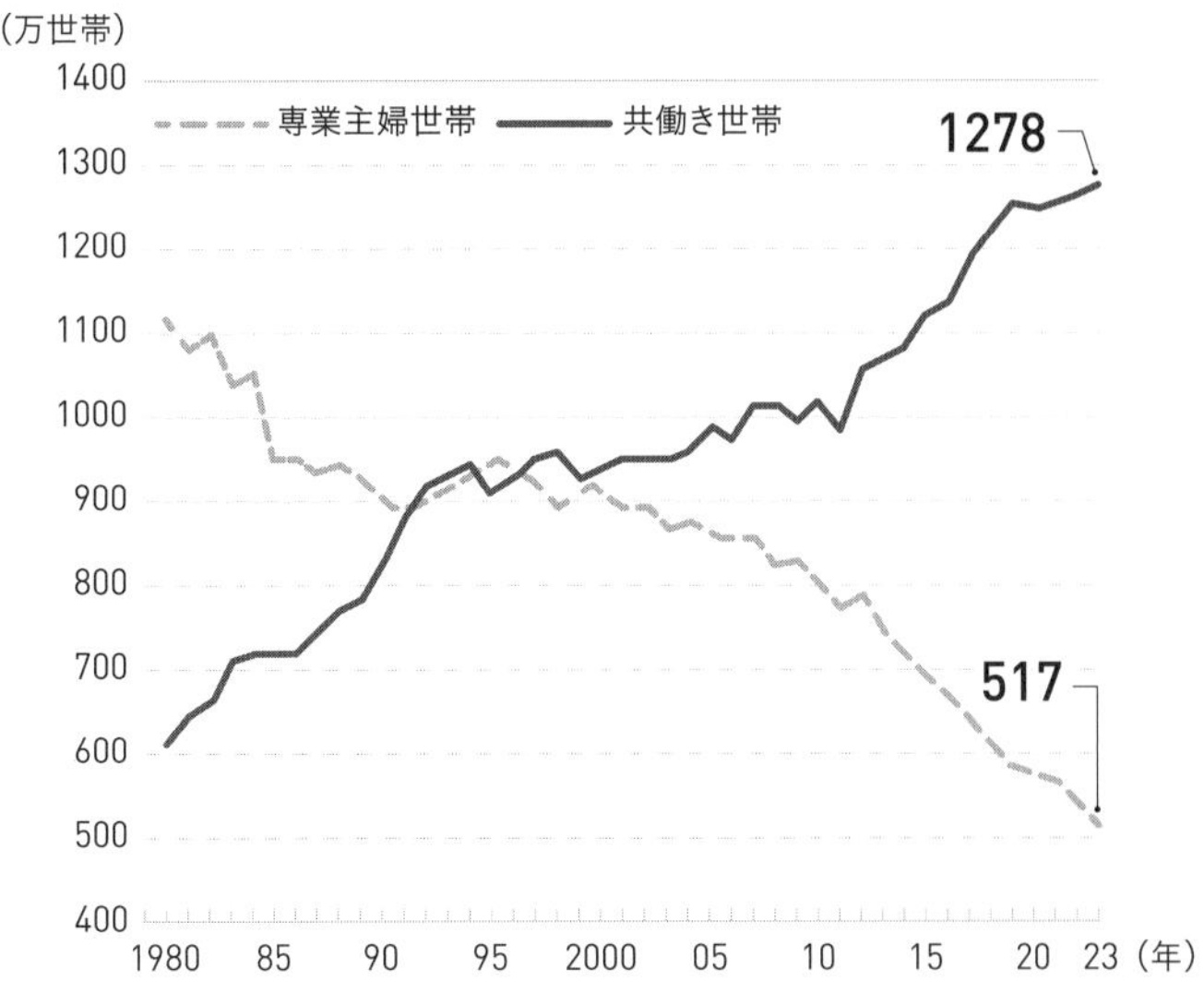

(出典)総務省統計局「労働力調査特別調査」、総務省統計局「労働力調査(詳細集計)」、労働政策研究・研修機構(JILPT)から

2023年の日本では、夫婦がいる世帯の71%(農林業者を除く)が、共働きだ。しかし、家事育児の夫婦分担は以前の感覚から変わらず、「共育て」が欠けていたというのが現時点での反省点で、政府方針にも盛り込まれた。

を期待され、その結果、〝ワンオペ育児〟を背負い込みました。「夫は相変わらず仕事メイン、妻は育児も仕事も両立する」という状況に追い込んでしまったのです。

国を挙げての両立支援が、実は〝ワンオペ支援〟になっていたというのは、なんとも皮肉な結果です。この反省を込めて、政府の方針にも２０２３年にハッキリと「共育て」という言葉が明記されました。

ここから学ばねばいけないのは、企業が「妻の共働き」を推進してきたのと同様に、次のステップとして、これからは「夫の共育て」を後押ししていくタイミングに来ているということです。

企業は「夫の共育て」を後押ししよう
「パートナーにお願いした？」のひと言を

共働きがこれほど増えているにもかかわらず、これまでの日本社会は夫婦の問題だとして、〝性別ガチャ＝妻のワンオペ〟を放置してきました。企業は、今まさに「夫の共育て」を後押しする段階です。まずは、「収入は夫がメイン担当、育児は妻がメイン担当」という旧弊の意識を変えましょう。「意識を変えるといっても、どうやって？」と思うかもしれません。しかし、簡単な一歩から始めることができます。

それは、育児家事をワンオペで担っている女性社員に対して、「夫やパートナーに、分担をお願いしてみましたか？」と上司からひと言、声をかけるのです。

このときのポイントは、「何が何でも夫にやらせる！」と強行突破するのではなく、「育児を夫に頼む、そのきっかけを作る」くらいの柔らかな気持ちでスタートするのがよいと思います。それまで育児家事の夫婦分担がほとんど妻にあった場合、いきなり半分半分に急変させるのは難しいでしょう。ですが、職場のリーダーが温かい雰囲気で「パートナーさんは今お迎えに行けないのか、いちどＬＩＮＥで聞いてみたら？」など促すと効果的です。徐々にその夫婦間で、分担バランスを変えていけるのが理想ですね。

ちなみに私は、共働き応援メディア『日経ＤＵＡＬ（当時）』編集部で、夫婦間の分担を楽しく促せるＬＩＮＥスタンプを編集部で作りました。職場にいる妻からパートナーに送る（またはその逆も）スタンプで、「お迎えお願い！」「修羅場です！」「急いで向かっています！」などリアルなセリフを入れて、家族わいわい共育てをしているユーモアあふれるイラストが人気でした。みなさんも、共育てに役立つコミュニケーションツールを探したり、社内で開発してみてください。楽しいですよ！

こういった育児分担の変化は、男性も喜んでいると、じわじわ感じてきています。ある大手住宅メーカーで企業研修をしたとき、懇親会で出会った営業部長さん（30代で共働き）は、見るからに「数字を上げる剛腕営業」というムードが漂っていました。職種上、残業続きでさぞかし大変なのだろうなと想像しました。しかし実際に話してみると、自分のスマホを取り出して「見てください、ウチの子どもなんです。今2歳でかわいいさかりです。今夜は僕が夕飯当番です！」と、本当に嬉しそうに共育てエピソードを共有してくれたのです。

その住宅メーカーさんは、社長が少子化対策に情熱的に取り組んでいることもあり、他部署の男性リーダーも、共育てに熱心な方が多かったです。熱心というより、素直に子育てを楽しむ、慈しむ姿勢が印象的で頼もしくもありました。

こんな新たなリーダーたちを見ていると、「夫婦の問題だから、首をつっこむのは悪い。母親が時短を取り続けるのはしょうがない」と躊躇しているのは、時代遅れなのかもしれないと感じます。むしろ、会社の業績も上げながら、エネルギッシュに共育てをしていく男性リーダーがいる、そんな組織こそ、これからの若い世代に選ばれる時代なのではないでしょうか。

こういった共育ての方針を、企業が女性従業員にも丁寧に後押ししていくことは、決して悪いことではありません。むしろ政府も目指している多様性のある社会で、〝性別ガチャ〟から男女ともに解放してあげる。好ましい社会に貢献しているのだと、自信をもっていただきたいと思います。

会社は妻のワンオペを
見過ごさないで。
夫の「共育て」を
後押ししよう!

現場あるある
その⑦

紅一点の女性役員がバリバリ働く姿に、若手が引いています……

紅一点とは、役員のなかでたったひとりの女性、ということですね。男性ばかりの組織で孤軍奮闘してきた女性を指して、「女王バチ症候群（＝男性社会で唯一成功してきた女性として、自分の地位を守るために他の女性をうとましく感じ、出世を妨げる行為）」や、「名誉男性（＝家父長制のしきたりを壊すことのない範囲で、男性と同等の権力を与えられた女性）」など、あまり好ましくない呼び名が多く、私はこういった話を聞くたびに悲しい気持ちになります。

なぜなら、紅一点である女性自身は、これまでのキャリア街道をひたすらに頑張ってきて今の立場にあるわけで、本人は何も悪くないのですから。いっぽうで、若い世代が「バリバリ働く女性役員」に思わず引いてしまい、私にはあのように活躍するなんて無理です、なりたくありません、と引いてしまう気持ちも分かります。

この状態を、どう解決していけばいいのでしょうか？　ダイバーシティ推進が組織に浸透していく過程と照らし合わせながら、考えていきましょう。

ダイバーシティ浸透までの4段階〔抵抗→同化→分離→統合〕

まず、ダイバーシティが浸透していくときに組織が経験する「4つのプロセス」を見てみましょう。これはダイバーシティ研究などでよく表現されている考え方です。

ダイバーシティが浸透するまでの4つのステップ

①**抵抗** 女性活躍に基本的に反対し「抵抗」を示す。ダイバーシティ経営の意義が分かっておらず、数値目標や具体的な施策を立てない

↓

②**同化** 女性を登用するが、男性と同じ価値観、働き方を求め「同化」させる。長時間労働、マッチョなリーダーシップができないと認めない

↓

③**分離** 男性との違いを理解し、多様性を受け入れるが、女性でもできる仕事（出張や営業をさせない等）に当てはめ、戦力外とみなす

↓

④**統合** 真の多様性を理解し、多様な人材の違いを価値あるものと理解する。多様性をイノベーションにつなげる実践的な経験を体感する

この4つのプロセスにおいて、「同化」の段階にある組織が、まだまだ多いのが現状です。冒頭で紹介したように、「女王バチ症候群」や「名誉男性」と悲しくも表現されてしまう理由は、この同化にあるのです。

つまり、女性を男性の仲間に入れてあげるけれども、それは自分たちと同じような価値観や立ち居振る舞いをしたら〝合格〟という条件付きだったわけです。特に男女雇用機会均等法がまだ「努力義務」であった時代、1985～1999年頃にフルタイムで頑張り続けた少数の女性の多くは、このような環境に身を置いて、排除されないように頑張ってきたのです。

子育てしながら管理職を担うというロールモデルはほぼ無いに等しい時代でした。そのため、深夜残業や休日勤務など、私生活を犠牲にするしかないやり方で「バリバリと」働いてきた方が多い時代でした。

もちろん、共働き子育てを当時から実践してきたという女性リーダーに、ときおり取材で出会います。彼女たちの強い心としなやかな姿勢にはいつも勇気をもらうばかりですが、共通点としては、「ズバ抜けて先進的な共育て夫がいた」ということも明記しておきましょう。

部下を「同化」させていないか？ リーダー像を進化させよう

さて話を「若手が引いてしまう……」というお悩みに戻しましょう。

このような声が組織内で多く挙がる場合は、まず会社全体のムードとして「管理職になるのは、男性と同化した女性だけ」といった、旧態依然とした価値観が残っていないか、自問してみてはいかがでしょうか。そして、もしその傾向があるようならば、リーダー像を進化させるタイミングです。

具体的には、習慣化された長時間残業を見直したり（週間、月間、年間で勤務時間の波があるのは仕方がないかと思います。固定化、習慣化されていないかが問題です）、リーダーシップのあり方を多様化してみたりと、普段の職場のそこここに、見直すチャンスはあると思います。

上司の立ち居振る舞いは若手男性からも見られている

また、数字に表れない社内ムードも見回してみてください。例えば、会議の進め方（男性だけが発言する）、意見の挙げ方（必要以上の根回しが必要）、社外での男性ネットワーク（週末ゴルフや頻繁な飲み会）など、日常のひとつひとつにも「同化できなかったら仲間外れ」をしていないか、考えてみてください。

こういったシーンを、若手社員はつぶさに見ています。上司の普段の立ち居振る舞いは、上司本人が考えているよりも、大きな影響を部下に与えているものです。マジョリティのやり方に同化させるムード、同化するしかない悔しい環境が残っているのであれば、それは女性だけでなく、若手男性たちのやる気にも響くでしょう。リーダー像の進化を目指すよいチャンスと思っていただきたいと思います。

抵抗→同化→分離→統合
あなたの組織は
今どこの段階？

現場あるある
その⑧

女性は時短勤務が多くて管理職候補になる人がいない

この質問・悩みは、いくつかの問題が複合的に絡んでいるので、ひとつずつ要素を分解していきましょう。まず初めに、時短勤務についてです。

時短勤務（短時間勤務制度）は、育児・介護休業法により定められている制度。簡単に説明すると、「3歳未満の子どもを養育している労働者に対して、希望があれば、事業主は1日の所定労働時間を原則6時間までとする義務がある」というものです。

小さなお子さんを育てながら、もしくは親の介護をしながら、働き続けることができるようにという目的で２０１０年に改正法が施行されました。制定されたときには、「保育園のお迎えに間に合うように、16時に仕事を終えられる！」と注目され、女性の両立支援の目玉となったのです。

さらにダイバーシティ先進事例のなかには、法定よりも長く「小学校6年生まで時短が取れる」という特別措置を講じ、人気となった企業もありました。しかし、この施策を続けていくうちに、実は女性活躍の足を引っ張ることになる……という、負の側面もあることが徐々に分かってきたのです。

時短勤務を続けて、不本意にも〝ワンオペ〟が定着してしまった

当然のことですが、時短勤務を続けていくと、子どもの保育園のお迎えはほぼ毎回、母親がすることになります。15時または16時に退社して、余裕をもって子どもを

にありません。

お迎えできます。フルタイムで働いている夫がわざわざお迎えをすることは、めった

その結果、夕方以降の育児家事は、ママひとりで担当する〝ワンオペ育児〟が定着してしまったのです。保育園にお迎えに行き→夕飯を料理し→子どもをお風呂に入れ→夕飯を食べさせ→親子遊びをしてから→寝かしつける……。これらすべてが奇跡的にスムーズにいき、21時に終わったとしても、ざっと5～6時間はワンオペタイム。ここに病児の看病などが入れば、なおさら大変な任務です。

これを毎日続けるには、大きな責任を担う仕事を避け、エネルギーを温存させたいという気持ちが出てきても致し方がありません。もちろん、限られた時間内でめいっぱい働き、力を出し尽くすという素晴らしいワンオペママもいるかもしれません。しかし、この状態を何年も続けるのは、体力・気力的に非常に厳しいことです。

このような現実が判明して、「子どもが大きくなっても時短勤務が使える」という

施策は、徐々に少なくなってきました。時短に関する変遷を10年以上見てきた私がおすすめする時短の活用法は、次のようなものです。

ワンオペ育児にならないための、時短勤務の取り方

■時短勤務は、働く両親と子どもが健康ならば、職場復帰のあとの半年〜1年間を目安に
■そのあとは、共育ての精神で、夫婦ともにフルタイムに戻せる環境を作る
■ママがフルタイムに戻るとき、パパが家事育児を担う目的で、法定の「パパ・ママ育休プラス制度」を使うのもおすすめ

このようにおすすめする理由をお伝えしましょう。

時短中は、職場での成長機会を逃す上司からも戦力外とみなされがち

親または子どもが健康であれば、私はぜひ、夫婦共育ての精神で妻は「フルタイム復帰」をなるべく早く実現するのがいいと思っています。なぜなら、いくら本人が優秀で、頑張って仕事をしていても、職場における日々の成長チャンスを少しずつ失ってしまうからです。「毎日16時に帰る人」と上司にみなされると、やはり、失敗やチャレンジが伴う大きな仕事を任されにくくなってしまうのが現実です。そして徐々に「組織の戦力外」とみなされてしまうリスクが出てきます。

この「戦力外の状態」というのは、ひとつ前の「現場あるある⑦」でご紹介した、ダイバーシティが浸透するまでの4つのステップでいう「分離」でもあります。女性

だから早く帰ったほうが、子育てしやすいだろう。または、女性はみんな早く帰りたいと思っている、という枠に当てはめて、フルタイム勤務をしているメンバーから分離し、育成機会から遠ざけてしまうのです。

ちなみに私の場合を少しお話ししますと……。第一子の出産後は、初めてのことだらけで、復帰直後はへっぴり腰。とにかく早く帰ってお迎えをしたい、という気持ちでした。しかし、3カ月もするとムクムクと仕事意欲がわき、「どうしてこんな簡単な仕事しか与えてくれないんだ！」と、当時の上司に申し出たこともあります。人の成長や意欲というのは、外からパッと見ただけでは分かりませんね。上司は私の突然の申し出に、さぞかし驚いたことでしょう（すみませんでした！）。

そしてこの経験は、今度は私が部長となったときに、職場復帰から1年ほどたったワーママ部下から同じことを直訴されました。「私にも企画リーダーを任せてほしいのに、外さないでください！」と……。図23で示した「分離」を、私自身がしていたのです。

女性が戦力外人材にならないようにと、先進企業などはあの手この手で阻止しています。例えば、ある大手コンサルティング会社は、毎回の評価面談のときに、上司が「女性部下の成長機会が不足していないか」を細かくチェックし、不足していたら、意欲に応じて1ランク上の仕事を与えるということです。徹底していますね。「女性社員のキャリアアップは、上司の任務」という方針で育成を任されています。

時短は「お守り」ではありません！ フルタイム復帰「4つのK」で歓迎

では、上司が「そろそろフルタイムに戻しましょうか？」といきなり本人に提案できるかというと、難しいですよね。こういうときこそ、1on1や定期的な面談を活用して、キャリアストーリーを一緒に描く時間をもちましょう。本人の意欲をいかに前向きに高められるかが、リーダーの腕の見せどころです。

図23　ダイバーシティが浸透するまでの4つのプロセスと、女性の働き方

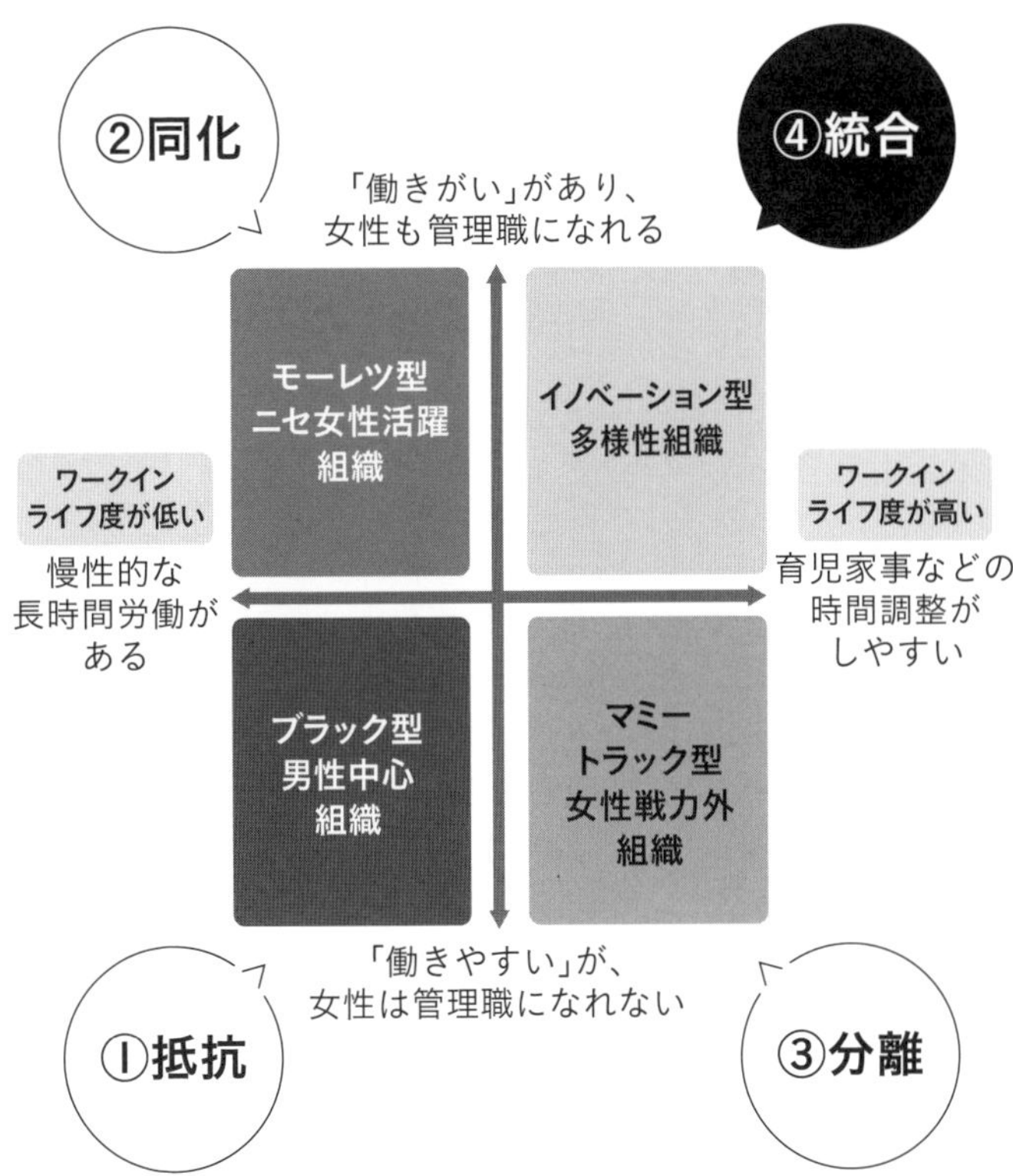

Ⓒ羽生プロ

①男性中心組織は、ダイバーシティ浸透度では「抵抗」の段階。②次に、男性と同様にモーレツに働く環境を求められるが、それは「同化」に過ぎない。そして③女性を「戦力外」とみなし、成長機会の少ないマミートラックに入れるのは「分離」。時短勤務を長く続けていくのは、マミートラックに陥る危険もある。④共育ての意識があり、女性でもリーダーになれる環境があれば、ダイバーシティ度が高い、「統合」的で、多様な組織と言える。

おすすめは、「4つのK」を意識して対話することです。

■時短からフルタイムへ、一般職から総合職へ女性人材を育成するときに有効な「4つのK」

1. **期待する**
2. **機会を与える**
3. **鍛える**
4. **言葉にする**

3番までの「3つのK」は、これまでも育成のヒントとしてよく挙げられてきました。しかし、これらを「黙って」やってしまっては、上手に進みません。女性社員からすれば、「いきなり大変な仕事をふられて、厳しい態度で評価された」という誤解も生まれ、こじれてしまったケースもちらほら……。

ここは、上司のみなさんも恥ずかしがらずに言葉にして、育成プロセスを言語化して伝えましょう。「期待している」「君ならできる」という誠実な上司の言葉は、部下にとっては嬉しいものです。

こんなエピソードもありました。時短勤務をなかなか卒業せず、フルタイムに及び腰な中堅女性社員。なぜ時短をやめられないのか？と聞いたところ、「時短はお守り・・・です」と答えました。彼女が言うには、フルタイムに戻った瞬間に、「いくらでも残業ＯＫです」と勘違いされて、長時間労働に舞い戻ってしまった先輩たちを見てきた。あんな目には遭いたくないので、お守りのつもりで時短を続けます、と……。

「フルタイム＝残業ＯＫ」ではありません！　フルタイムでも、夫婦でしっかり共育てをして、交互に保育園のお迎えに行けるような職場、家庭環境があれば、お守りなど必要ないのです。

さらに進んだ企業だと、時短かフルタイムかという二択ではなく、週4日勤務、毎週水曜日は午後休など、働き方を多様に選ぶことができる事例も出てきました。もはや、「勤務時間の長さ＝その人のやる気や能力、責任感」ではないのです。自らのキャリアを自律的に構築できているかが大事なポイント。そういった環境にある場合は、時短勤務を家族の都合と照らし合わせて、自発的に取得することは素晴らしいと思います。

「成長機会を恒常的に逸する」ことがないよう、女性・上司・組織の全員が意識してキャリアストーリーを共有できれば、おのずと管理職候補となる女性人材は増えていくのだと思います。

時短勤務は上手に取ろう
上司のみなさん、
「フルタイム＝残業ＯＫ」
と勘違いしないようにね

現場あるある
その⑨

子どもがいない人から、「しわ寄せがくる」と苦情が出たらどうする？

さて、この質問は、女性活躍推進そのものに対するものというより、ひとつ前の「現場あるある⑧」で取り上げた時短勤務や、子育て社員に関連するものです。

ダイバーシティや女性活躍推進という取り組みのなかで、これまで企業がサポートをしたり、働きやすい職場環境を作ってきたりした対象者は、子育て中の母親が中心でした。なぜなら、0歳や1歳という乳幼児の頃から保育園に預けて、子どもの病気で早退したり、園や学校の行事に対応したりしながら働き続ける両立環境が、ほんの10年前にはまだ整っていなかったからです。

それゆえ、ダイバーシティ推進室＝ワーキングママの支援室、といったような活動がメインであった時代もありました。なので、今でもなお「ダイバーシティって、子育てママを応援するプロジェクトでしょ？　自分には関係ない」と思っている方もいるようです。

ダイバーシティ推進＝ワーキングママを支援するプロジェクト、というのは誤解です。むしろ今では、その考えは推進の足を引っ張りかねないリスキーな認識です。しかし、10年前は確かにそのような雰囲気がありました。

そして、当時によく出た職場でのトラブルや苦情が、「子どもを育てる人ばかり会社が応援している。彼女・彼らの穴埋めをしているのは、子どもがいない私たちだ。育児中の社員のしわ寄せが、こちらにくるのは納得できない」というものでした。みなさんのチームには、今でもこのような問題は起こっていませんか？

陰でコソコソ〝穴埋め〟を頼まない緊急時のシステム化、見える化がポイント

ではこういった不満の声には、どう対応すればよいのでしょうか？　この問題の最大の原因は、どこにあると思いますか？

それは、子育て社員が欠席したときに、他の社員が代役を果たすことを、〝穴埋め〟とみなしていること、それ自体が原因です。

そもそも、子育て社員が急に早退したり欠席したりすることは、想定内のできごとです。それをリーダーがあらかじめ想定せず、その場しのぎで時間に余裕のある（または、そう見えているだけかもしれません）社員や、スキル的に担当できる先輩ポジションにあたる人にばかり、代役をお願いしていませんか？

一番よろしくないのは、そのお願いを、コソコソ隠れてすることです。「ごめんね、ちょっと○○さんが急なお迎えをしなくちゃいけなくなって。今日だけ代わりにお願いできない？　今度おごるからさ！」といったように。これでは、〝穴埋め〟を任された人は損をしていると感じ、子育て社員をうとましく思ってしまうのも、無理もありません。

ポイントは、「コソコソやらず、チーム全員に見える化させる」ことです。育児社員の急な欠席や欠員の頻度を考え（冬は特に感染症が多いとか、夏休みは児童が長期休暇中なので、お弁当や居場所づくりが大変とか、リーダーは知っておきたいところです）、その対応をチーム全員でシステム化して、共有しましょう。

ここで注意したいのは、「あの人は独身だから、時間に余裕があるだろう」といった偏見をもたないように。語学の塾に通っているかもしれません。推しのイベントに行く予定があるかもしれません。親の介護で大変な時期かもしれません。子育て社員だけが忙しいというステレオタイプを除きましょう。

代役を立てないほうがいい場合も「正」の字でカウントしていたことも

ちなみに私が編集長をしていた頃、編集部、システム部、営業部、販売部が一体となってメディアを運用し、毎日締め切りと校了があり、猛スピードで回っていました。もちろん保育園児や小学生を育てるワーキングママ、パパもたくさんいました。遅刻、早退、欠席はつきもの。私はいつイレギュラーな対応が必要になってもいいように、部員の担当している仕事の難易度や進捗状況を把握していました。そして緊急事態発生となったときには、「これは急ぎ代役を立てたほうがいいか？　それとも本人の時間調整に任せて、最後まで担当者として走り切って達成してもらおうか？」というのを瞬時に判断するのが仕事でした。

子育て社員はイレギュラーな動きが多いものですが、だからといってすべてに代役を立てなければならないわけではありません。本人から、「午後いっぱいは休みます。ですが、締め切りに間に合わせて先方に確認に回したいので、子どもが寝たあとに作業させてほしい」と希望が出るケースもあります。

逆に、本人は案件を手放したくなくても、「これはとても急ぎの案件なので、やはり代役を立てたほうがよい」と判断するケースもあります。その場合は、誰にピンチヒッターをお願いするかが、リーダーの腕の見せどころ。最適な代役人員を決め、チーム全員が「あ、○○さんの代わりに、◎◎さんがやることになったんだ！」と分かるように、見える化させます。

当時の私の手帳を見返すと、「ピンチヒッターをお願いした人リスト」があります。無意識に同じ方ばかりにお願いをしていないか、不平等になっていないか、私（管理者）が代行してばかりいないかを注意していたのでしょうね。部員の名前の横に「正」の字でカウントしているメモもあります（苦笑）。

男性育休は、部下育成のチャンス！チーム全体で成長へ

育児中社員の欠員によって、チームの空気が微妙になるのは、ワーママだけではありません。男性育休もしかり、です。

特に今は、国の子育て対策の一環で、男性育休取得率を2025年度までに50%、2030年度までに85%にする目標が掲げられました。そのため、中小企業も含めて、男性社員に育休を取ってもらうように積極的に働きかけている真っ最中だと思います。

そこでぜひ心がけたいことは、男性育休による欠員はチームの足を引っ張るできごとではなく、むしろチームを成長させるチャンスと捉えることです。

エース級で働き盛りの男性社員Aさんが、育児休業を3カ月取ることになったと想

定しましょう。そのときよくあるケースは、Ａさんが持っていた仕事を、その上司が臨時対応として一時的にすべて担当してしまう、という事例です。上司はＡさんをとても頼りにしていたし、Ａさんの仕事は難易度が高く、それを担えるメンバーがすぐには見当たらない。自分がやるのが一番手っ取り早いからです。「おまえが男性育休を取る間、俺が代役をすればいいんだろ？　３カ月か、長いなぁ。ま、俺が犠牲になればいいってことだ！　育休から戻ってきたら、感謝しろよな～（笑）」といったノリで、チームの前でＡさんを送り出します。そのときの上司に悪気はなく、むしろＡさんの力になっているつもりです。

私からすると……残念！　これはダイバーシティ経営として非常にもったいない対応かつ、悪影響となってしまうケースです。

まずこれでは、Ａさんは上司の仕事を増やしたことになり、恐縮してしまいます。さらに、Ａさんの部下で、そろそろ自分も育休を……と考えていたリーダー候補で若手のＢさんは、こういった現場を見て、育休取得を尻込みしてしまいます。

次に、人材育成の観点から。Aさんが持っていた難易度の高い仕事を上司が肩代わりしてしまっては、チームは3カ月間、誰も育ちません。むしろ上司がダブル任務となり非効率となるでしょう。この場合は、「Aさんの部下であるBさんの育成となるように、担当を一時的に任せる」とするのが正解です。

Aさんは育休に入る1カ月前ほどから自分の仕事を棚卸しし、Bさんのスキルアップになりそうな仕事を選び、3カ月間、Bさんに任せるのです。もちろん上司のサポートは必須ですが、こうすることによって、育休期間がよいきっかけとなり、チーム全体が一段、スキルアップする形になります。Aさんが戻ってきたら、Aさんもひとつ上の職位を目指す方針がよいでしょう。みんなが一段ずつ上がるイメージです。

こうすることによって、男性育休は誰かにしわ寄せがいくものではなく、チーム全体の成長につながるチャンスになります。実際にこのようなダイバーシティ・マネジメントをしている企業は増えてきています。参考にしてください。

男性育休は
〝穴埋め〟じゃなくて
育成のチャンス到来！

現場あるある その⑩

若い世代は男女平等だから、自然と女性リーダーは増える

「私たちのようなおじさん・おばさん世代と違って、若い人たちはジェンダー平等教育を受けて育っている。だから、わざわざ女性役員を3割などと目標を立てなくても、自然と女性リーダーは増えていくだろう。今さら数値目標は要らないんじゃないでしょうか？」

この質問や意見は、40～50代の世代から、やや自虐的に（ときに、苦笑いをしながら）言われることが多いです。自分たちの世代は、正直言って職場で性別による差別区別があった、と。しかし、自分たちの子ども世代を見ていると、まったくもって男女平

等。先進的な教育を受けているので安心だ、頼もしい、という楽観的な気持ちもあると思います。

確かに、「ジェンダー平等世代に数値目標は不要」というのは、今の若い人たちの行動を見ていると、その通りという気分になります。服装やメイク、恋愛観においてもジェンダーレス、ジェンダー多様性という感覚が普通に受け入れられています。

ですが、この質問に対しての私の考えは、「自然に女性リーダーは増えない」です。なぜでしょうか？

ひとつ上の世代のしきたりが「再生産」されていくリスク

1部で詳しく書いてきましたが、男女雇用機会均等法が制定されたのは、約40年も前の1985年（昭和60年）です。職場において、男女差別なく待遇を図ることを目指してきました。……が、組織における人事、配置というものは、意思決定層が判断を下します。現在の日本の組織において、意思決定層となる役員や経営層は、アラ還（アラウンド還暦、つまり60歳前後）がほとんどです。

次ページにあるように、東京商工リサーチの2023年「全国社長の年齢」調査によると、社長の平均年齢は63・76歳で、調査を開始した2009年以降で最高年齢に達したとのことです。

性差別だけでなく、社長の年齢が毎年どんどん高齢化しているというニュースは、やはり組織にとって健全とは言えないでしょう。なぜなら、長期的な視点における経営戦略や人材・設備投資がおろそかになる傾向にあるからです。もちろん60歳、70歳の社長でも長期的展望に立ち、先進的な考え方を実践できる名経営者もたまにはいらっしゃるでしょう。しかし、社長の年齢と決算業績は逆相関するという残念な実態も計測されているのです。

図24　社長の平均年齢は約64歳と、過去最高に到達

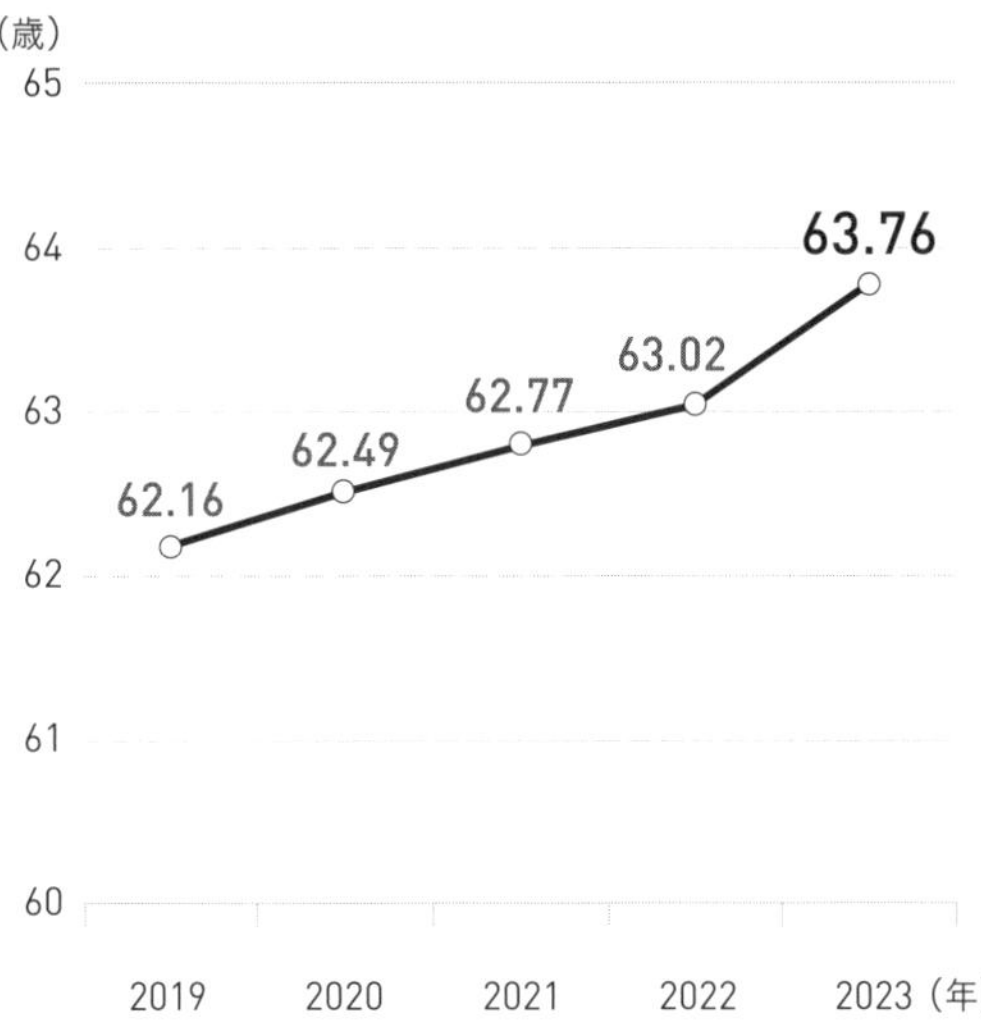

(出典)東京商工リサーチ　2023年「全国社長の年齢」調査から

東京商工リサーチの2023年「全国社長の年齢」調査（約400万社のデータベース）によると、社長の平均年齢は63.76歳で、調査を開始した2009年以降で最高年齢を記録。同時に、社長の年代別の企業業績は、社長が高齢化するほど業績が伸び悩む傾向があるとも分析された。

話を戻しましょう。この事実からみて、「日本企業の人事を含む経営判断は、60代以上の方が行っているのが平均的。そして彼らは、男女雇用機会均等法が制定される前か、直後に入社した人たち」なのです。いくら今の大学生や20代の方々がジェンダー平等意識にあふれていても、組織の人事配置は彼らがするわけではありません。

これを私は、「ジェンダー不平等の再生産」と呼んでいます。自分が若かりし頃の性別役割分担意識を、下の世代に受け渡してしまう。経営トップの考え方を全社に行き渡らせている間に、価値観は繰り返され、ジェンダー不平等という無意識のバトンリレーが行われてしまうのです。

強制力のある仕組みがないと いつまでたっても達成しない

政府は２００３年に、「２０２０３０」というプロジェクトを作りました。「２０２０年までに、社会のあらゆる分野で指導的地位に女性が占める割合を30％にする」という目標を掲げたのです。

今から20年も前の話です。当時は「２０２０年といえば、17年後。今の新入社員が40歳になっている頃には、さすがにリーダーに育っているだろう」と、楽観的または他人ごとの空気感でした。しかしながら、罰則のない努力目標であったことや、強制力のない仕組みであったために、まったく数値が伸びず、２０１５年にこの目標を断念したのです。

これこそ、「若い世代はジェンダー平等なので、自然と女性リーダーが増える」わけではないことの歴史的証拠です。

「共育て」の普及とともに、情報公開義務や、クオータ制の検討など、強制力をもたせた数値目標が必要なのです。目標断念を繰り返さないためにも、負のバトンリレーをやめる時が来ています。

社長の年齢は
どんどん上がる……。
価値観の再生産
リスクに注意！

3部

先進企業はここまでやっている！項目別実践ノウハウ

1

章

ダイバーシティ経営
いざ実践！
年間スケジュール・
調査・目標設定

さてここからは、いざ実践編です。ダイバーシティが進まない背景や原因、現場でよく挙がる声を理解したあとは、行動するのみです！　特に今は、政府方針によって女性役員の人数や比率、男性育休取得率、賃金格差などなど、情報を開示しなければならない項目がたくさんあります。「やるか、やらないか」を迷っている段階はもうおしまいにしましょう。一歩を踏み出して、行動あるのみ。では、具体的にやることを見ていきたいと思います。

ダイバーシティ年間スケジュール毎年繰り返し、新課題を設定しよう

「ダイバーシティ経営というものを、これまで一切やってこなかった」という企業にとっては、一体何から着手していいのか分からないかもしれません。また、「女性活躍推進はここ数年間で着手してきたけれど、正直言って停滞している。ここで仕切り

直して、しっかり推進していきたい」という組織も少なくありません。そういった企業におすすめなのが、まずは年間でやることを俯瞰して、ＴｏＤｏスケジュールを立てることです。

ここで注意したいのは、先進企業の実例を見て、あれもこれもと単体のプロジェクトを同時多発的に実施してしまうことです。先進企業ともなると、それはもうたくさんのプロジェクトが実行されています。これをランダムに模倣してしまうと、「何のためにやるのか」という背骨がブレてしまいます。社内の士気も上がりません。

ポイントは、基礎的な年間スケジュールを立てることです。先進企業といえども、骨子はどの企業もそれほど変わらず、本質的なものです。これをまずはしっかり組み立てていきましょう。

次ページに、「ダイバーシティ年間スケジュール　おすすめ基本ＴｏＤｏリスト」を挙げましたので、参考にしてみてください。

図25

ダイバーシティ年間スケジュール おすすめ基本ToDoリスト

ダイバーシティを進めるは、この7つの基本的なことについて年間でスケジュールを組み立てていくことが大事です。①〜④はトップ（社長）がしっかり関与し、社内外に向けて宣言しましょう。

初年度

①社内意識調査・各数値調査
②調査の分析、課題洗い出し
③数値目標設定、情報開示（自社サイトなど）
④経営トップの宣言、各職位でコミットメント
⑤年間を通して、各項目に取り組む
⑥社内外での研修や発信イベント（目標、成果、ロールモデルなど）
⑦進捗確認、年間振り返り

2年目

①社内意識調査・各数値調査（ともに定点調査、新規項目）
②各調査の分析、課題洗い出し（既存課題と、新規課題）
③数値目標設定、情報開示（政府の新目標があればそれに沿って）
④経営トップの宣言、各職位でコミットメント
⑤年間を通して、各項目に取り組む
⑥社内外での研修や発信イベント（新目標、成果、新ロールモデルなど）
⑦進捗確認、年間振り返り

3年目以降も、進捗と新規課題を確認しながら、繰り返していく

©羽生プロ

前ページの年間スケジュールをご覧になって分かる通り、ダイバーシティ経営とは、組織の人事に関連する数値や、従業員の意識や価値観を変化させていくことですから、一朝一夕には実績が出ません。数年かけて取り組んでいくのだという覚悟が必要です。

そして、人事や意識という組織全体の変革ですから、「人事部だけが頑張ればいい」ということではありません。そこに必要不可欠なのが、④の「経営トップの宣言」なのです。

ダイバーシティ経営の成否は社長みずからの関与と宣言

私はこの10年ほどで、多くの会社や自治体などの研修・イベントを手掛けてきましたが、その成否を分けるのは、「トップ（社長）の出席、宣言があるかどうか」と言い切れます。ダイバーシティ経営は人事部だけのプロジェクトではなく、組織全体の経営戦略なのだということを全従業員と共有するためには、やはりトップの宣言が必要なのです。それは、会社の事業戦略や営業目標を決めていくのと同じです。

社長が細かなことまですべて計画・把握することは、必ずしも必要ではありません。ですが、①調査（意識と数値）、②分析と課題、③目標と情報開示については、社長にはしっかりと関与していただきたいです。そして、社長みずから、他の経営戦略と同じように各経営層にコミットメントを求めていくのが、結果を出すポイントだと思います。

「社内アンケート」は男女双方に各職位別にも聞く

さて、ダイバーシティ経営を進める際に、おすすめとして①に挙げた「社内意識調査・各数値調査」は、礎となる大事な項目です。特に数値調査は健康診断のようなもので、女性役員人数や管理職比率、男性育休取得率、男女賃金格差などは、現状を把握するためのファンダメンタルズ（基礎的な指標）とも言えますので、しっかり調べてください。

そして肝心なのが、社内意識調査です。1部でも解説した通り、年代によっては「女性活躍推進」という言葉にかなり抵抗を示す人もいます。社内に漂う〝性別ガチャ〟の空気や慣例など、「ウチの会社では当たり前のこと」を、客観的に言語化して分析するチャンス。効果的な社内意識調査を行ってください。

残念な「社内アンケート」は女性だけ、リーダーだけに聞くこと

あらゆる調査の基本でもありますが、アンケートをあるひとつの属性だけに聞くのは、調査として不完全です。ダイバーシティ調査でよく見る残念なケースは、「女性の意識調査をしました！」といって、膨大な質問項目を女性従業員だけに聞いている事例です。社内のどこを改善したいのか、何が問題だと思っているのか。これらを聞き取ることはとてもよいのですが、これでは男性からの意見があぶり出せません。ぜひ「男女双方（項目によっては、ＬＧＢＴＱも含めた全性別）」を対象にしましょう。

私が社内研修や講義をして、これは素晴らしい調査だな！と感心した企業はいくつかあります。そのような企業に共通しているのは、全性別、各職位に同じ質問をし

て、結果や原因を比較分析していることでした。質問項目として代表的なものは、

①リーダー就任への意識（管理職や役員になりたいか、その理由など）に関するもの
②働き方（残業時間、育児家事との両立、勤務場所など）に関するもの
③管理職のロールモデル（働き方、意思決定方法、評価方法など）に関するもの
④ダイバーシティ全体（なぜ女性活躍が進まないと思うのか）に関するもの

などが挙げられます。

調査対象については、男女双方（項目によっては全性別）に聞きつつ、さらに若手層・リーダー候補・管理職・経営層（取締役、役員）の職位ごとに聞くと効果的です。①～③の項目について、〈性別×職位〉で、どこが共通しているのか、どこが違っているのかを分析することによって、社内に漂う〝性別ガチャ〟があぶり出せます。

例えば、女性のリーダー候補からは、「管理職になりたくない。なぜなら上司の働

き方が家庭と両立できておらず、憧れない」という答えが多いとします。いっぽうで、男性の経営層からは、「ダイバーシティが進まないのは、女性に責任感がないからら」という答えが出たとします。このような意見の食い違いこそが、突破のチャンスです。どちらかが悪いわけではありません。この情報を社内で共有して、「対話のきっかけ」にしてみてください。ダイバーシティ経営の第一歩となるはずです。

次ページに、アンケート例を挙げましたので、ご参考にしてください。

社内の対話のきっかけにするためにも、社内意識調査はとても重要。このときにポイントとなるのは、同じ質問項目を、誰に聞くかということ。男女双方に聞きつつ、各職位に聞くのも効果的。

	リーダー候補	管理職	経営層（取締役、役員）
	（自分はどう考えているか）	（若手層、リーダー候補の印象）	（若手層、リーダー候補の印象）
	（自分の振り返りと、希望）	（自分の振り返りと、希望）	（自分の振り返りと、希望）
	（管理職への印象）	（自分の振り返りと、理想像）	（自分の振り返りと、理想像）
	（自分はどう考えているか）	（自分はどう考えているか）	（自分はどう考えているか）

図26

ダイバーシティ社内意識調査 アンケート例

質問 ＼ 男女別対象	若手層
リーダー就任への意識 （管理職や役員になりたいか、その理由など）	（自分はどう考えているか）
働き方 （残業時間、育児家事との両立、勤務場所など）	（自分の振り返りと、希望）
管理職のロールモデル （働き方、意思決定方法、評価方法など）	（管理職への印象）
ダイバーシティ全体 （なぜ女性活躍が進まないと思うか）	（自分はどう考えているか）

大企業だけでない、中小企業も必要な情報公表義務と目標設定

さて、年間スケジュールの①社内意識調査を終え、②課題感も洗い出したあとに取り組むのが、③の数値目標設定と情報開示です。

この数値目標設定ですが、情報開示ルールができる前は、実はほとんどの会社で実施されていませんでした。「ジェンダー平等は大切なので、ダイバーシティに賛同」という、総論賛成派はたくさん存在しました。しかし各論（実行に移すための具体的な方針）は足並みが揃いませんでした。2部でも解説した通り、外部から何かしら強制的なルールが設定されなかったために、10年も20年も進捗してこなかったのです。

そこで制定されたのが、「情報公表義務」というルールです。さかのぼれば、「女性活躍推進法」が2016年に完全施行となりました。その際、「一般事業主行動計画」の策定・届出及び情報公表が義務化されたのです。現在では労働者数が101人以上の中小企業も対象となっています。

情報公開に関して、「義務化」となった項目は女性活躍以外でも拡大されています。しかしながら、その多くは直接的な法的罰則はない、いわゆる〝ソフトロー〟（法的処罰があるものを、ハードローといいます）です。「義務ではあるが、罰則はない」というのがいかにも日本らしく、個人や法人の倫理・道義的意識に任せるものです。

私は、行政でせっかくエネルギーを割いて法律やルールを作るのなら、世論の反発を恐れて尻込みせずに、諸外国のペナルティ付き制度（クオータ制など）と同じく、責任をもって罰則付きの義務にしたほうが推進のスピードは上がると思います。

されど、日本企業の風土は、「競合他社がどうしているか」という、〝空気〟を気にするのも事実。公表勧告に従わなかった場合には、当局による企業名公表の可能性もありますから、「世間的にどう見えるか」という視点で推進する兆しはあります。

このような経緯で公表義務化となっている項目は、ダイバーシティ経営の分野では複数あります。DEIのご担当者の方は本当に大変なお仕事と思いますが、どうか、〝やらされ仕事〟ではなく、1部で解説したように、イノベーションを生む建設的な仕事と思って取り組んでいただけたらと思います。

現在、厚生労働省から発表されている情報公表が義務化されている各項目を次ページにまとめますので、ぜひ参考にしてください。

図27

女性活躍推進法で
情報公表義務となっている項目

A **「女性労働者に対する職業生活に関する機会の提供」**
以下の①〜⑧の8項目から1項目選択
＋
⑨の項目（必須） ＊新設

①採用した労働者に占める女性労働者の割合
②男女別の採用における競争倍率
③労働者に占める女性労働者の割合
④係長級にある者に占める女性労働者の割合
⑤管理職に占める女性労働者の割合
⑥役員に占める女性の割合
⑦男女別の職種または雇用形態の転換実績
⑧男女別の再雇用または中途採用の実績

⑨男女の賃金の差異（必須） ＊新設

B **「職業生活と家庭生活との両立」**
以下の7項目から1項目選択 ※従来どおり

①男女の平均継続勤務年数の差異
②10事業年度前およびその前後の事業年度に採用された労働者の男女別の継続雇用割合
③男女別の育児休業取得率
④労働者の一月当たりの平均残業時間
⑤雇用管理区分ごとの労働者の一月当たりの平均残業時間
⑥有給休暇取得率
⑦雇用管理区分ごとの有給休暇取得率

（出典）厚生労働省「女性の活躍推進企業データベース」から

組織規模によって情報公表する項目数が違う。常時雇用する労働者が301人以上の事業主は、AとBから各１項目以上＋⑨。101人以上300人以下の事業主は上記16項目から任意で１つ以上。

さらに、数値目標（行動計画策定）をどうしたらよいのかも、自社の課題ごとに厚生労働省から事例が出ています。例えば、「３０１人以上の会社で、女性の総合職が少ない会社」ならば、

■目標1／総合職に占める女性の割合を、全社員に占める女性割合と同程度の40％以上とする。
■目標2／男性社員の育児休業取得率を75％以上とする。
■目標3／子の看護休暇制度を拡充する。

といったように、具体的な目標が複数示されていて非常に参考になります。

その他にも、次のような自社課題が挙げられています。

【自社課題のケース例】

◎女性の採用が進んでおらず、かつ結婚や出産等で退職する女性が多く、女性の人数が少ない会社
◎女性の採用を増やしたい会社
◎管理職の女性割合が低い会社（既に女性が多い会社）
◎女性の正社員比率が低い会社（既に女性が多い会社）
◎女性の配置に偏りがある会社
◎残業時間が多く、女性の離職率が高い会社
◎部長の女性割合が低い会社
◎女性の正社員比率が低い会社

（厚生労働省「女性の活躍推進企業データベース」から一部抜粋）

策定例では自社課題ごとに数値目標のおすすめ例と、実施時期と取り組み内容が詳細に示されています。人事部の方やチームリーダーの方は自分が率いる部門が正しい方向に向かっているか確認できるので、次ページをチェックしてみてくださいね。

目標2（職業生活と家庭生活との両立に関する目標）

男性社員の育児休業取得率を50％以上とする。

実施時期・取組内容

- 2020年4月〜　現行の出産・育児に関する社内ハンドブックを改定し、男性社員の育児休業取得に関する情報を盛り込む。
- 2022年1月〜　全管理職を対象として、男性部下の育児休業取得に関する制度や支援の方法について研修を行う。（毎年1回実施）
- 2024年4月〜　配偶者が出産した男性社員を対象として、人事部及び上司から育児休業取得をすすめるとともに、上司主導で部署全体の業務の配分についての見直しを実施する。

目標3（次世代育成支援対策推進法に基づく目標）

子どもが保護者である社員の働いているところを見ることができる「ファミリーデー」を実施する。

実施時期・取組内容

- 2021年4月〜　「ファミリーデー」検討会の設置。実施内容について検討を開始する。
- 2023年10月〜　「第1回ファミリーデー」の実施。
- 2024年4月〜　社員へのアンケートを実施し、次回企画に向けての検討を行う。

図28

女性活躍推進法に基づく行動計画の策定例〈300人以下の会社で、女性の配置に偏りがある場合〉

1.計画期間2020年4月1日～2025年3月31日

2.目標と取組内容・実施時期

目標1（職業生活に関する機会の提供に関する目標）

技術職の女性社員を現員の2人から6人以上に増加させる。

実施時期・取組内容

●2020年4月～　技術職の女性の応募を増やすため、学生向けパンフレットの内容を見直し、改定する。

●2020年10月～　女性の体格に合わせた安全具を導入する。

●2021年2月～　女子学生を対象とした現場見学会を年1回以上開催する。

●2022年4月～　技術系の学科卒業者で事務職に配置されている女性社員の技術職への転換の希望を把握する。

●2023年4月～　事務職から技術職への転換希望者に対する研修を実施する（2024年転換予定）

組織規模ごとに自社課題を選ぶと、数値目標／実施期間／具体的な取り組み内容などの行動計画の例がみられる。

（出典）厚生労働省「女性の活躍推進企業データベース」
https://positive-ryouritsu.mhlw.go.jp/positivedb/koudoukeikaku_ex.html

2章

先進企業に学ぶ 項目別 実践ノウハウ

1章では、基本的なスケジュールや目標設定などについてお伝えしてきました。ここからは、先進企業の実例を項目ごとにいくつかご紹介していきたいと思います。

企業でお話をすると、「最先端の企業がやっている最新策を教えてください！　弊社がいかに遅れているかを社内で分かってもらいたいんです」というお声もいただきます。その気持ち、よく分かりますが、先進企業の施策について私が感じるのは、進んでいる・遅れているというよりも、「本質的なことを、徹底して続けている」ということです。「なぜダイバーシティ経営を目指すのか？」を徹底的に考えて、その目的を果たすための手法を突き詰めているのです。逆に、表面的なポーズだったり、数字づくりだったりというほうが、突飛な施策になりがちです。そんな〝トンデモ対策〟ではない、真摯な取り組みを6つの重点項目に絞ってご紹介します。

紙面の限りがあり、素晴らしい企業をすべて紹介することができないのは残念ですが、私が直接ご担当者を取材したことがあり、かつ継続的に実施している少数精鋭事例を挙げることを、ご了承ください。

① 社長のメッセージング

トップの発言は効果大！月1社長会議、役員報酬みずから保育園送迎

まずは、社長などの組織トップが徹底的にコミットメントしている4つの事例をご紹介します。ここまで社長みずから動くのなら推進するしかない！という入魂ぶりです。

アフラックの「D&I推進会議」は社長入りで毎月1回50分ある

生命保険会社のアフラックには、社長直轄でダイバーシティ経営を推進する会議が

あります。これだけ聞いても驚かないかもしれませんが、開催頻度が「毎月1回50分間」ということに、私はびっくりしました。思わず、古出眞敏社長ご本人に「そんなに会議で話すことがあるのですか?」と聞いてしまったくらいです。回答は「もちろん毎月、話すことは山ほどあります。どの会社でも営業会議は毎月やっているでしょう? D&Iも経営戦略ですから、それと同じ。目標値を立てて、進捗を確認し、できたこと・できなかったことを振り返り、対策を講じる。PDCAを回していくには、毎月1回は必要です」とのことでした。

D&Iと、その他の事業プロジェクトは別腹と区別している企業に、ぜひ聞いてもらいたい施策です。年度始めや国際女性デーなど、年に1度社長が宣言する会社は少なくありません。しかし、本気で経営戦略と捉えているならば「社長入りで毎月1回50分」は納得です。ちなみに、アフラックのダイバーシティに関するキャッチフレーズは「No D&I, No Growth」。D&Iなくして成長なし、です。社長コミットメントを高めたい組織は、ぜひ参考事例にしてください。

NTTの役員報酬原資は女性活躍推進貢献で増減する

次にご紹介したいのは、NTTグループの事例です。澤田純会長・島田明社長の肝煎りで女性活躍を進めていますが、その本気度が表れているのが「役員コミットメント」のあり方です。ズバリ、役員の報酬（を支払う原資）を、おのおのの役員が所掌する企業の「新任女性管理者登用率」に応じて増減させているのです。

着目すべきは、増加させるだけでなく「減少させる」ことまで実行しているところ。人のモチベーションを高める最大の要因のひとつが報酬です。「がんばれ、応援している」という言葉や態度だけではなく、役員報酬における評価指標の一部として女性活躍推進を設定したのは、NTTの本気度の表れ以外の何物でもありません。

また、特定の部門の個人が評価されるのではなく、企業単位で全役員の報酬原資に反映されるというのもポイントです。なぜならば、己の部門だけで人材育成をして数字を作っていくのではなく、組織全体を見渡して異動や登用をさせることが効果的にできる仕組みだからです。男性従業員の反感を恐れて、なかなか踏み切れない企業は、見習いたい抜本的な取り組みではないでしょうか？

KPMGコンサルティングの社長は「男性の高ゲタを脱がす」と宣言

女性活躍推進は、男性陣へどう説得、納得してもらうかが成否を分けるといっても過言ではありません。その点でインパクトのある宣言で成功させているのが、コンサルティング会社のKPMGコンサルティングです。

1部と2部でも解説してきましたが、結局のところ「ダイバーシティは女性優遇だ！」という思い込みや誤解をいかにほぐしていくかが重要。これを、宮原正弘社長はスパッと「女性にゲタを履かせるのではない。今まで男性が履いてきた高ゲタを脱いでもらうまでです」と、冷静に宣言したところに覚悟を感じます。

歯に衣着せぬ宣言と同時に、多様性が組織の成長になぜ必要なのかを丁寧に説きながら、男女ともに〝腹落ち〟させていくことも忘れません。この両輪が効いています。「男性vs女性」という対立構造にしないことが、成功のカギなのです。

さらに、同社の研修や勉強会では、役職別に開催している点も参考になります。40代前後の若いリーダーたちのなかには、やりがいのある仕事と育児家事を、立派に両立させているパパ社員もいます。彼らには、共働きの妻（パートナー）がいたり、小さな子どもがいたりするので、「男は稼ぎ、女は家にいる」という旧弊の価値観は自然と卒業できているのです。このような若手リーダーが、日本の頭脳となっていくのは頼もしいことです。加えて、こういった共育てを実践しているリーダーが企業の顔となっていけば、おのずと新卒採用や中途採用、離職防止でも優位になることでしょう。まさに、多様性のある組織づくりが、企業戦略となっている事例だと思います。

みずほFG社長、千葉県知事は保育園送迎していた「共育てリーダー」

さて、「共育てパパ」の話が出ましたが、日本も変わったなと感動したのが、大企業や県庁といった、大きな組織を率いるトップみずからが、子育てを本当に実践している事例が増えてきたことです。

ひとつめの事例は、3大メガバンクのひとつであるみずほFGの木原正裕社長です。まだ〝イクメン〟も珍しかった今から約20年前に、自ら子どもの保育園の送り迎えをしていたとのこと。まさに共働き・共育てを体現するリーダーです。メガバンクの社長が子どもの送り迎えをした経験があるというのは、時代の進化と言えましょう。

もうひとつの事例は、千葉県の熊谷俊人知事です。10年ほど前になりますが、2児の父親として首長（当時は千葉市長）という仕事と育児を両立させているというインタビューをしました。「働いている妻が好き」と公言するほどの共育てっぷりでした。子育ての現場は各自治体にあります。保育園、学童保育、病院や教育機関、働く親への各種サービスなど、ダイバーシティを体現する首長こそ、未来を切り開いていくのだと思いました。

また、彼らのようなトップがいると、自組織内でのダイバーシティ施策も充実していきます。勤務体系、男性育休取得、女性リーダー育成登用と、制度に込められたリアリティや志が違います。このような組織は今後、新たな夫婦のあり方や人生観をもった若い世代を惹きつけていくことと思います。

ここまで、社長や首長が素晴らしい行動力・発信をして、ダイバーシティを加速させている事例を見てきました。次ページからは、より具体的な項目ごとに、参考になる先進事例を紹介していきましょう。

② 女性リーダー育成パイプライン

幹部候補育成プログラム「育成機会」モニタリング後継者の3分の1を女性に

さて、ここではダイバーシティ経営の重点項目である「女性リーダー育成」についてです。働くママや若手女性を〝サポートする〟という意識から一歩進め、幹部候補を積極的に育てていくという、よりポジティブな施策を紹介します。

なお1部でも紹介しましたが、政府による女性版骨太方針には、「パイプラインの構築」という言葉が出てきます。これは、体系的・計画的に人材を育成していきましょう、という意味です。現状では、役員に占める女性比率を高めようとする場合、社外から採用するケースが多いです。しかしながら、社外にばかり女性リーダーを求めていては、いつまでたっても自社内の女性幹部は育ちません。3年、5年、10年としっかり育成計画を立て、責任ある事業を担う女性リーダーを生み出してください。

パソナグループの幹部育成プログラム DX、ファイナンス、新規事業まで網羅

総合人材サービスのパソナグループは、2023年度に女性役員比率25%、女性管理職比率は49%と、確固たる実績を誇る先進企業です。そのパソナで実施されている女性活躍推進に関する制度は、ざっと20を超えます。女性幹部層育成プログラムとしては「ワンダーウーマン研修」という取り組みがあり、発信力・ビジネススキル・教養などのプレゼンス力などを磨くものです。実修了者のうち2名がグループ会社社長、22名が執行役員になるなどの昇格実績に注目です。

こういった内容を自社でも取り入れたいと考えている方におすすめなのが、同社が提供している「女性幹部候補育成プログラムWomen's Advanced Program」です。こ

れは外部企業から参加を募る有料人材サービスのひとつではありますが、何が経営幹部に求められる力なのかを明確に体験できる点で秀逸です。具体的には、「社会を変える新規事業創出」「インパクトをもたらす経営」「エグゼクティブとしてのプレゼンス力」「社内外のリレーションシップマネジメント」「健康経営とウェルビーイング」など、5日間×3回の合宿とオンラインで3カ月間かけて戦略的に研修を受けます。女性研修によくあるマインドセットにとどまらず、DX・テクノロジーの活用やファイナンス、マーケティング、ESG投資なども含まれます。

ここから分かるのは、これまで日本企業で多くの女性が歩んできたキャリアルートが、ファイナンスやテクノロジー、新規事業開発などの分野から分離されてきたということです。いわゆる〝出世コースを歩む男性〟ならば経験できたこれらの分野を、女性にも習得してもらうことは有効だと思います。

私が経験上、効果的だなと感じるのは、「新規事業を担当してみる」ことです。新規事業には、事業計画立案、プロダクト製作、チーム組成、経営判断など、幹部層に必要な要素がギュギュッと詰まっています。余談ですが、私もメディア産業のなかで、30代の半ばから新規事業を10年間ほど継続して立ち上げ、実行し、失敗も成功も体験してきたからこそ、経営視点が少なからず身についたのだと思います。

みなさんのお勤め先で新規事業チームがあるのなら、ぜひ立候補して参加、経験を積んでみてください。

アクセンチュアは管理職候補女性の成長機会をくまなくチェック

総合コンサルティング会社のアクセンチュアは、すでに20年近くも女性活躍推進に注力してきた先進企業です。経営戦略として打てる手立てはすべて打つ、といった徹底ぶりがさすがです。特に、制度だけでなく経営・人事・現場が一体になって推進しているため、実行力があります。

女性リーダーを継続的に輩出するコツは、同社の「4Rスポンサーシッププログラム」というキャリア支援の取り組みから学べます。

●すべての社員に、原則業務上の上司とは別の立場からアドバイスしてくれるキャリアアドバイザーがつく

↓

●管理職候補となった社員には、さらに指導役の先輩社員（スポンサー）がつく

↓

●その指導者が、管理職候補の社員が十分に成長機会を得ているか、「4R」の観点で面談等を通じてモニタリングし、社員の成長や希望するキャリア実現のための機会を提供する

①Right Client／適切なクライアント、②Right Role／適切な役割、③Right Sponsor／適切なスポンサー、④Right Skill／適切なスキル

このような個々の成長を後押しする仕組みがあれば、従来補佐的な役回りが多かった女性でも、着実に管理職に育っていくことでしょう。キャリアアドバイザーやスポンサーをつけるのは難しい会社でも、「4R」の視点は導入できるのではないでしょうか。

三菱UFJグループの管理職後継者3分の1を女性に

次は管理職の後継者選びです。管理職の重大な仕事のひとつは、自分の後継者を育成することです。この後継候補者リストに、女性は載っていますか？

自分と同じような属性（出身大学、経験部門、性格など）の後輩がかわいいと思えてしまうのは、人間だから仕方がありません。しかし、多様性とイノベーションの観点で見ると、単一の属性ばかり集まる組織は不利になると、1部で学びました。

この後継者育成で挑戦を始めたのが、三菱UFJフィナンシャル・グループです。最高人事責任者（CHRO）が、グループ主要会社の部店長に向けて、次のように宣言しました。「女性活躍の意義・目的は〝多様性の実現〟。政府方針だからやるのではない。実力本位のフェアな会社を本気で目指す中で女性活躍に取り組んでいる。（略）自分の後任候補者を3名挙げるとしたら、少なくとも1名は必ず女性にしてください。より強く成長する会社になるために、女性の部店長候補をみんなで一生懸命育成していこう」。

〝大企業だからできるんだ〟と思うのは間違いです。メガバンクの管理職候補の3割を女性にするのは簡単ではありません。しかし、CHROが宣言したことによって、経営戦略として認識されるでしょう。今後の同社の実績に期待が高まります。

③
スポンサーシップ
リスキリング

女性社員が役員を〃逆指名〃
AIマッチングでキャリアと人脈を形成

次に取り上げるのは、スポンサーシップとリスキリングです。カタカナが多いので少し解説しましょう。

スポンサーシップというのは、社員のキャリアアップを実現させるために、社内の実力者（多くは役員や管理職）が直接キャリア形成の助言や指導をする制度です。似たものにメンター（メンタリング）制度もあります。こちらはおもに若手社員のサポートのために、メンター、先輩社員が実務や精神面で相談に乗るという役割、制度です。

メンター制度は、共働きママが急増した２０１５年前後に人気になった制度で、

「子育てと仕事の両立に悩んでいる」といった相談に先輩ママが乗り、職場で支えとなることが注目されました。今ではさらに進化して、1対1のメンタリングから、グループチャットや社内コミュニティなどに発展しているケースが増えてきました。

スポンサーシップは、メンターよりも一層、「昇進や登用」の効果を上げるための制度です。女性管理職候補が、しっかり課長・部長・執行役員になっていくのを、具体的に実行させる狙いがあります。そのため、スポンサーは人事や事業で実権を握っている役員（執行役員、取締役、社長など）が担う事例が出てきました。

アフラックは、女性リーダー候補が役員を逆指名できるメンタリング

特徴的な取り組みとしてまずご紹介するのは、前出のアフラックです。特色は、女性ライン長候補者（次に課長になるポジション）たちが、社内の特設サイトからキャリア

支援のメンターになってほしい役員を〝逆指名する〟というメンタリング制度。役員のリストには社長をはじめ、各取締役や執行役員の名がズラリと並んでいます。役員が選ばれる側になるという点、女性リーダー候補が能動的に役員にアクセスできる点が、双方のやる気に火をつける画期的な仕組みだと思います。

また、役員が女性ライン長候補者を直接育成する、スポンサーシップ制度もあります。具体的には、昇進候補の女性社員と役員が10カ月間ペアになり、

・本来の業務とは別の管理職レベルの業務目標を設定
・他部門との関わりの多い事業や、話題になりやすい事業を任せる
・取り組みの成果を発表する

を実行し早期登用を目指します。候補者にとって、普段は雲の上の存在の役員と直接コミュニケーションを取れることは稀有な経験。上層部の立ち居振る舞いを学べるチャンスにもなるでしょう。

メットライフ生命の「マイパス」でキャリア横断、世界の同僚に出会える

次にご紹介するのは、生命保険会社のメットライフ生命の取り組みです。ディルク・オステイン社長の力強い旗振りのもと、ワールドワイド規模のプロジェクトが多彩です。同社はメンター制度・スポンサー制度とともに導入していますが、リスキリングに有効なチャレンジがあります。

リスキリングとは、キャリアアップに必要なスキルを新たに習得させること。従業員のモチベーションを向上させ、生き生きと長く働き続けられる職場づくりのために、今注目されている施策です。同社の「MyPath（マイパス）」もそのひとつです。キャリアとスキル開発を目的とした社内プラットフォームに日本の内勤社員の8割を

超える3500人以上が参加しています。自分の興味のあるキャリアパスや、現在のスキルなどを登録すると、AI機能によって、世界各国の社内プロジェクトにマッチングされ、本業とは別にボランタリーで〝お試し参加〟できるということです。

正式な異動となると大ごとになりますが、この制度で多くの社員が自律的にリスキリングの一歩を踏み出せるのが魅力だと感じました。新たな仕事、新しいメンバーとの仕事は、何歳になってもモチベーションになります。プラットフォーム構築まではできないけれども、「社内ビジネス留学」のような制度も同じく効果があります。慣例的な異動から突破する、よいアイディアだと思います。

④ 男性育休取得

家族ミーティングシート
上司と計画書づくり
チームにお祝い金

さて次は、女性リーダー育成と並ぶ、ダイバーシティ経営の両輪とも言うべき男性育休についてです。1部でも解説しましたが、職場のダイバーシティ度を高めるには、男性ひとりひとりの価値観のバージョンアップが必要です。男性が育児を〝手伝う〟という他人ごと感覚から、自分ごとに変化させるための第一歩となるのが、男性育休取得です。

ここでご紹介するのは、2社の先進好事例です。ひとつは、育休取得者本人が取得しやすくなるための施策。ふたつめは、育休取得者の周りにいる同僚やチームが、気持ちよく送り出せるための施策です。

積水ハウスは男性育休推進のトップランナー 家族ミーティングシートや機運醸成も

ハウスメーカーの積水ハウスは、家にまつわる事業柄、〝「わが家」を世界一幸せな場所にする〟をグローバルビジョンに掲げています。その実現のためには、まずは従業員とその家族が幸せになることが重要だと考え、男性育休取得を本格的に推進しています。仲井嘉浩社長が2018年に就任して以降、日本でいち早く男性育休の重要性を発信し、実績を残しています。

18年という早い段階で注目されたのは、「男性社員1カ月以上の育児休業完全取得」と「育休取得最初の1カ月を有給」を実践したこと。取得率は現在も100％を継続しています。その実績の秘訣が、「家族ミーティングシート」と「取得計画書提出の徹底」だと思います。

家族ミーティングシートというのは、夫婦ふたりで「取得時期と目的」や、「育休中だけでなく育休前後の家事比率、育児比率」などを前向きに書き込めるものです。さらに2シートめには、リアルな共育て夫婦が直面する家事育児を50個ほどに細分化した、分担表になっています。

このシートは同社の特設サイト「IKUKYU.PJT」(https://www.sekisuihouse.co.jp/ikukyu/)に公開されていて、誰でもダウンロードができるのでチェックしてみてください。

家族ミーティングシートを作成したあとは、取得計画書を作成し、上司と面談する仕組みがあります。ダイバーシティ担当者に取材したところ、「計画書が出てくるまで、各上司にしっかり声がけをしている。本人がなかなか計画しない場合は、ご家族との相談も前向きに検討してもらうように促している」とのことでした。この本気度が取得率100%につながっているのでしょう。

さらに積水ハウスは、自社の推進だけにとどまらず、9月19日を〝育休を考える日〟と記念日に制定。日本でも男性の育児休業取得が当たり前になる社会を目指し、2019年から毎年「男性育休フォーラム」を開催しています。これからの時代の父親や家族についてメッセージを発信したり、性別役割分担の変遷が分かりやすく鑑賞できる動画や、全国約1万人へのアンケートを分析した「男性育休白書」をオープンにしたりと外部発信も積極的です。次ページのフォーマットも参考にしてみてください。

図29　積水ハウスの男性育休推進施策「家族ミーティングシート」

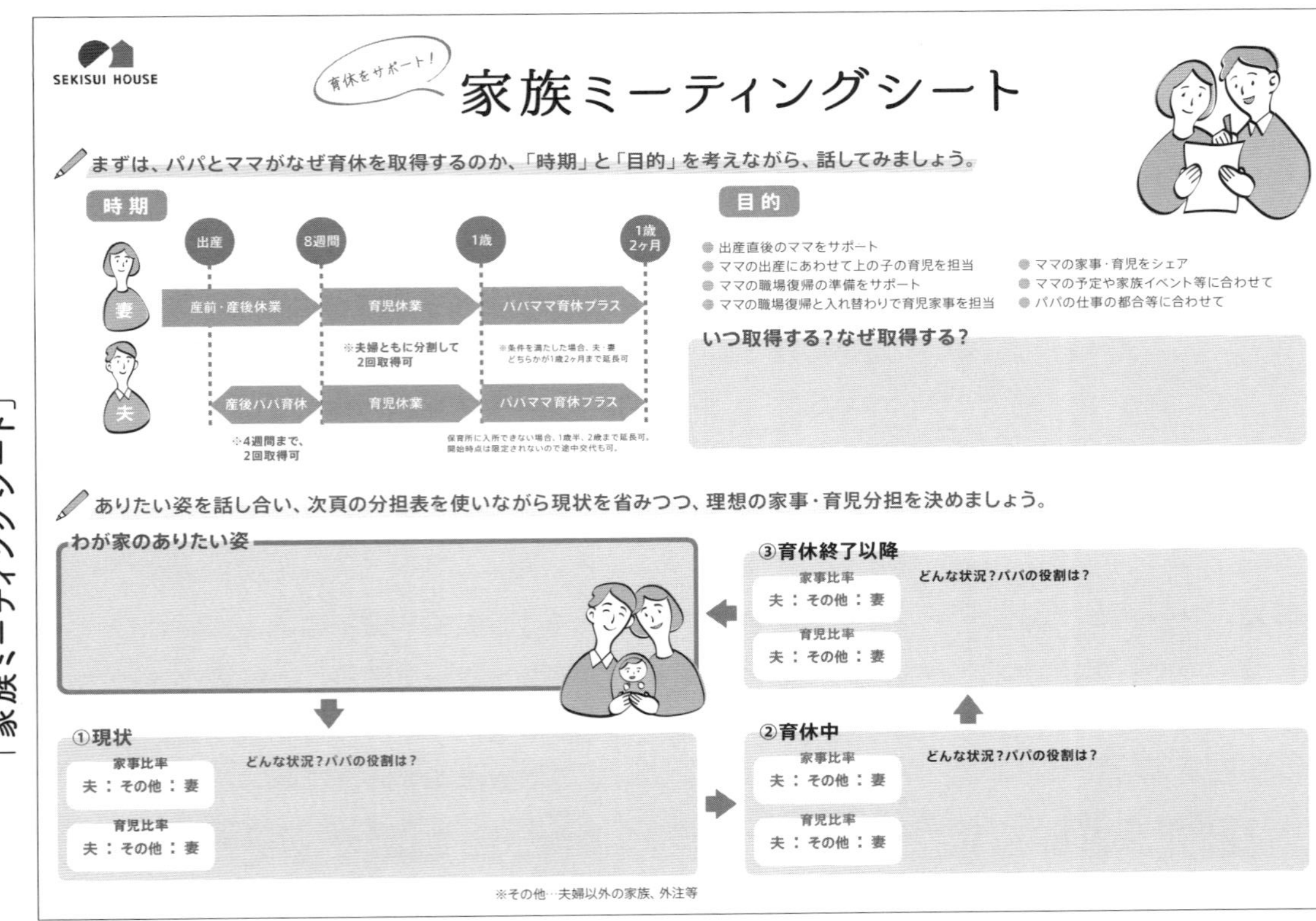

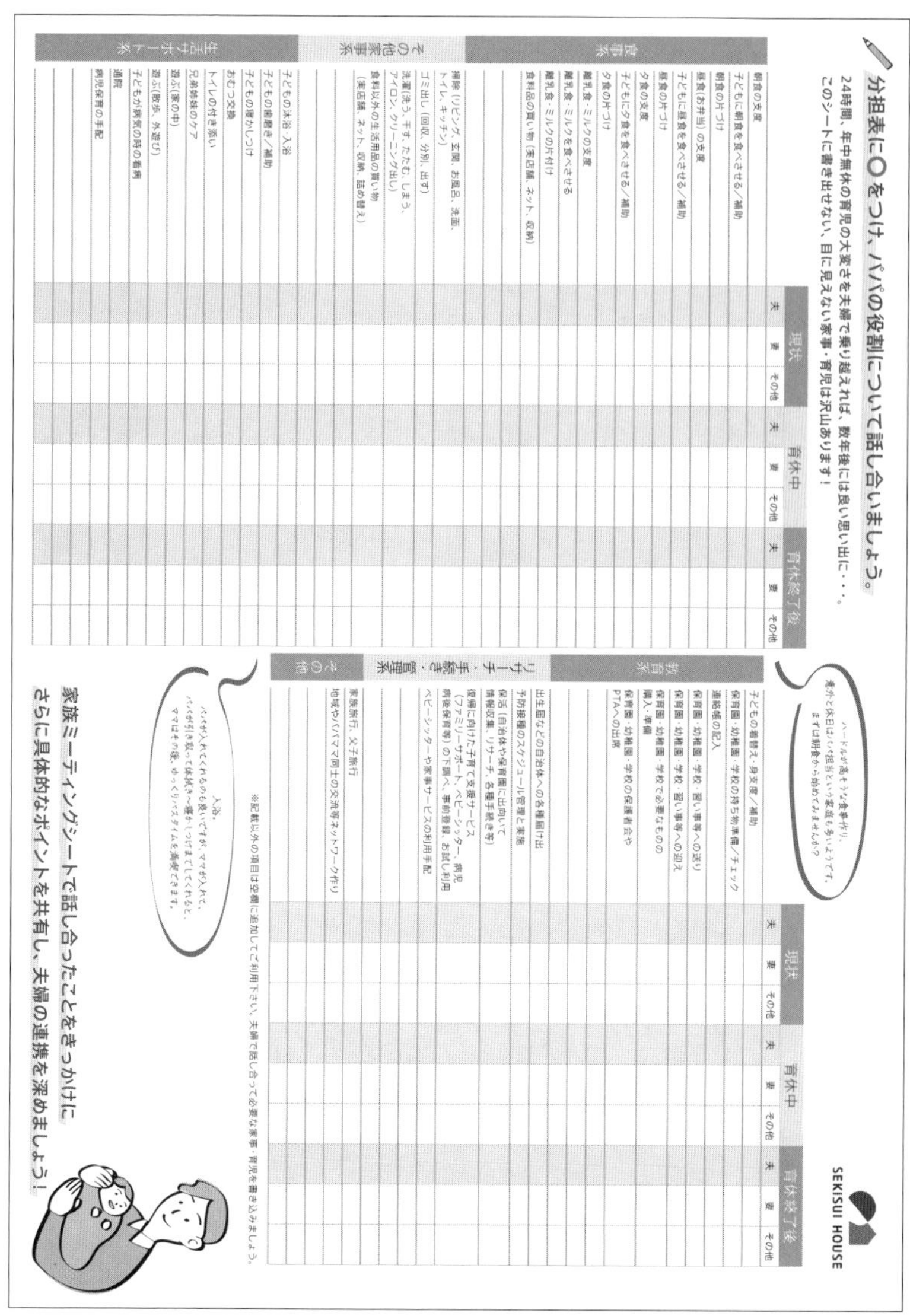

分担表に○をつけ、パパの役割について話し合いましょう。

24時間、年中無休の育児の大変さを夫婦で乗り越えれば、数年後には良い思い出に・・・。
このシートに書き出せない、目に見えない家事・育児は沢山あります！

分類	項目	現状			育休中			育休終了後		
		夫	妻	その他	夫	妻	その他	夫	妻	その他
食事系	朝食の支度									
	子どもに朝食を食べさせる／補助									
	朝食の片づけ									
	昼食(お弁当) の支度									
	子どもに昼食を食べさせる／補助									
	昼食の片づけ									
	夕食の支度									
	子どもに夕食を食べさせる／補助									
	夕食の片づけ									
	離乳食・ミルクの支度									
	離乳食・ミルクを食べさせる									
	離乳食・ミルクの片付け									
	食料品の買い物（実店舗、ネット、収納）									
その他家事系	掃除（リビング、玄関、お風呂、洗面、トイレ、キッチン）									
	ゴミ出し（回収、分別、出す）									
	洗濯(洗う、干す、たたむ、しまう、アイロン、クリーニング出し)									
	食料以外の生活用品の買い物（実店舗、ネット、収納、詰め替え）									
生活サポート系	子どもの沐浴・入浴									
	子どもの歯磨き／補助									
	子どもの寝かしつけ									
	おむつ交換									
	トイレの付き添い									
	兄弟姉妹のケア									
	遊ぶ(家の中)									
	遊ぶ(散歩、外遊び)									
	子どもが病気の時の看病									
	通院									
	病児保育の手配									

分類	項目	現状			育休中			育休終了後		
		夫	妻	その他	夫	妻	その他	夫	妻	その他
教育系	子どもの着替え・身支度／補助									
	保育園・幼稚園・学校の持ち物準備／チェック									
	連絡帳の記入									
	保育園・幼稚園・学校・習い事等への送り									
	保育園・幼稚園・学校・習い事等への迎え									
	保育園・幼稚園・学校で必要なものの購入・準備									
	保育園・幼稚園・学校の保護者会やPTAへの出席									
リサーチ・手続き・管理系	出生届などの自治体への各種届け出									
	予防接種のスケジュール管理と実施									
	保活（自治体や保育園に出向いて情報収集、リサーチ、各種手続き等）									
	復帰に向けた子育て支援サービス（ファミリーサポート、ベビーシッター、病児病後保育等）の下調べ、事前登録、お試し利用									
	ベビーシッターや家事サービスの利用手配									
その他	家族旅行、父子旅行									
	地域やパパママ同士の交流等ネットワーク作り									

※記載以外の項目は空欄に追加してご利用下さい。夫婦で話し合って必要な家事・育児を書き込みましょう。

家族ミーティングシートで話し合ったことをきっかけに
さらに具体的なポイントを共有し、夫婦の連携を深めましょう！

（出典）積水ハウス公式サイト「IKUKYU.PJT」（男性の育児休業・育休取得推進）| 積水ハウス（https://www.sekisuihouse.co.jp/ikukyu/）に公開されている資料から抜粋

三井住友海上は育休取得者の同僚に応援手当（祝い金）を最大10万円

さて、ふたつめの先進好事例は、三井住友海上火災保険が創設した「育休職場応援手当（祝い金）」です。これが発表されたときは、「なるほど！」と膝を打ちました。

この制度は、社員が育児休業を取る際、本人を除く職場全員に、3000円から最大10万円の一時金「育休職場応援手当（祝い金）」を給付するというものです。金額は職場の人数規模等に応じて計算され、同一職場で複数名が取得した場合は複数名分の一時金を給付するという、太っ腹ぶりです。

なぜこの制度がよくできているかというと、「本人ではなく、周りのチームメンバーが祝い金をもらえる」からです。男性育休を促進させようと、先進企業のなかには「取得する本人と家族にお祝い金を出す」といった制度もあります。しかし、この制度があだになって「育休を取りにくい……」という声も一部で挙がっていたのも事実です。実際に、育休を躊躇する大手メーカーの男性にインタビューをしたところ、「自分が休みを取ることによって部内の同僚や先輩後輩に迷惑をかけるのに、自分だけお祝い金までもらって……」という肩身の狭さを聞いたことがあります。

こういった点を考えても、三井住友海上の祝い金制度は、コロンブスの卵のようなひらめきを感じます。同社はすでに、独自の育児休業給付や男性育児休業1カ月取得義務化などの制度を充実させていますが、育児中の社員だけでなく会社全体で共育てをしていくという風土醸成に一石を投じたと思っています。

給付金の額が高いと、各社予算もあり実現は難しいかもしれませんが、「取得者の周りのメンバーを応援する」という気持ちを、何かで表すことはできるのではないでしょうか?

⑤
製造業
中小企業

営業域に女性を配置
中堅・若手社員の育成
現場環境を整える

ここまで先進企業として挙げたのが大企業ばかりだったので、「やっぱり東京の大企業にしか、ダイバーシティ経営などムリ！」と感じた方もいるかもしれません。しかし、決してそんなことはありません。１００人、数十人といった従業員規模の会社でも、着実に女性活躍推進を果たしている好事例はいくつもあります。

特にこの数年で取り組み実績が目覚ましいと感じているのが、愛知県の製造業などの中小企業です。愛知県はご存じの通り、自動車産業などを中心とした製造業が多く、工場や製造現場といった労働環境が、女性が働きにくいイメージをつくってきたのかもしれません。しかし、愛知県の男女共同参画推進課によって、「あいち女性の活躍促進サミット」なども開催され、「あいち女性輝きカンパニー優良企業表彰」も行われています。そのなかから、取り組みが明文化され、実績も積んでいる企業をいくつかご紹介したいと思います。

56名の企業で、女性比率と営業職が増加 女性工場長も誕生

オフィス用品の販売や工事を手掛ける丸天産業は、名古屋市にある56名の企業です。56名という限られた人員のなかでも、2020年から女性活躍推進に取り組んできました。推進室を設置したあとは着実に、「働くママの会」、新入社員の「ペア制度」、属人化業務の見直しによるシェアワーク、社内での女性営業職の好事例共有などに注力しています。その効果は、約10年間で女性社員が6名から19名に、営業職の女性も1名から6名に増加しています。中小企業にとって女性社員や営業職が増えることは、大変にありがたいことなのではないでしょうか。オフィス用品を扱うという

生業にとっても、男性だけでビジネスを行うよりも、より一層の展開が期待できると思います。

同じく愛知県の刈谷市にあるスギテクノは、鋼材加工や容器洗浄、リユースなどを手掛ける67名の会社です。公式サイトの社長挨拶ページに大きく「ダイバーシティ経営」が発信されている通り、経営戦略の柱のひとつとして取り組んでいます。具体的には、「異なる部署から同時に女性管理職を3名登用」、「製造現場初の女性工場長が誕生」など、女性登用に積極的です。その下支えとなっているのが現場での環境整備です。

・会社支援によるフォークリフト免許取得支援
・スキルマップ作成による多能工化教育

など、人材育成にも資金と時間をしっかりと投入しているのが分かります。その結果、製造業の中小企業でありながら、育児経験のある女性比率が高く、管理職にも育児介護経験者が多くいるなど、女性が入社・転職してみようかなと思える環境になっています。

自動車パーツメーカー、女性増加顧客に納入形態を変更してもらう交渉も

さて愛知県の中小企業での好事例で最後に挙げたいのが、自動車パーツメーカーの加藤精工です。国内に複数の工場を持つ従業員225名の製造業。前出のスギテクノと同様に、加藤精工もクレーンなどの現場作業の資格取得を、業務時間内の活動とみなし、費用を全額会社で負担することになっています。また、細かなことかもしれませんが、女性用の作業着や軍手の導入も進めました。さらに私が着目したのが、大手の取引先に対して、荷姿の変更を依頼し、納入品の形態を女性でも扱いやすいように軽くする交渉を行ったことです。

これはとても重要なポイントです。特に中小企業にとっては、大企業が取引先となる場合が多く、勤務形態や現場での作業環境などにおいて「女性でも扱いやすいように」というリクエストはなかなかしにくいと思います。そこを、自社の女性従業員が働きやすいようにと行動に出ることが素晴らしいと感じます。なお、フレックスや在宅勤務などの制度も導入し、男性育休取得率は8割となったそうです。

いかがでしょうか？　大企業にしかダイバーシティ経営はできないというのは言い訳に過ぎないということが、これらの好事例で分かったかと思います。製造業だけでなく、建設業、夜間営業のあるサービス業などでも、着実に推進している企業が増えてきました。ぜひこういった中小企業の施策を参考にしてみてください。

⑥ 理系人材採用

未経験者でもITスキル養成 最長5カ月有給で女性増

さて、女性の従業員比率で悩ましいのは、中小企業や製造業だけではありません。「理系の職種」を含む会社は、女性役員比率どころか、そもそも社員比率において著しく低いのが課題となっています。原因は、小中高校で女子生徒の理系教育が遅れてきたという日本の慣習や教師による〝性別ガチャ〟にあります。「女性は理系に向かない」という根も葉もないイメージによって、女子生徒が文理選択の際に、理系を敬遠することがこれまでありました。

ちなみに、OECDの2021年の調査によると、科学・技術・工学・数学分野の大学卒業生の女性比率は、日本は先進38カ国中、最下位。「自然科学・数学・統計学」

の分野で日本は27％でした。38カ国平均は54％と約半数ですので、「女性は数学が苦手」という意識は、真実ではなく思い込みであることが証明されています。

今では、理系人材を日本全体で増やそうという方針もあり、大学の理系学部に女性枠を設け機運を高める学校も登場しました。しかし、現在の段階で、理系の職種を含む会社にも女性役員比率3割を求められていますので、採用して育成するという時間の猶予がありません。

図30　**日本の理系女性は、世界に比べてとても少ない**

主なOECD加盟国の高等教育機関の卒業・修了生に占める女性割合(単位%)

分野 ・自然科学 ・数学 ・統計学	
ポーランド	70
スロバキア	67
エストニア	65
米国	58
OECD平均	**54**
フランス	52
韓国	49
英国	47
チリ	40
日本	27

分野 ・工学 ・製造 ・建築	
アイスランド、ポーランド	41
コスタリカ	38
コロンビア	36
デンマーク	29
OECD平均	**28**
英国	27
米国、フランス	24
韓国	22
スイス	18
日本	16

(参考)OECDの2021年の調査から著者作成。

OECDの2021年の調査によると、科学・技術・工学・数学分野の大学卒業性の女性比率は、日本は先進38カ国中、最下位。「自然科学・数学・統計学」の分野で日本は27%だった。ちなみに38カ国平均は54%と半数（よりも少し上）なので、「女性は数学が苦手」という意識は、真実ではなく思い込みであることが分かる。

このような背景のなか、私が取材してきた会社で「ここまでやるのか！　さすがだな」と感心したのが、ＩＴコンサルティング企業のアバナードです。アバナードはシアトルに本社があるデジタル専門の外資系コンサル企業です。同社が理系人材の採用を加速させる目的で作ったのが、リスキリングの「アカデミープログラム」という制度です。

アバナードは理系職未経験者を最長5カ月有給で育成、女性50％に

２５６ページに取り組みの概要を示しますが、ポイントをひと言で表すと、「理系の社員が少ないならば、未経験者を理系に特訓・育成すればいい」というコロンブスの卵的な発想です。確かに、現在いなければ、育てればよいのです。しかも、自社に必要なＩＴスキルに特化した人材を。

リスキリング（学び直し）の一環として生まれたこの「アカデミープログラム」は、理系職の未経験者に対して、（潜在力やキャリアが評価された場合は）給与100％を支給しながら最長5カ月間、講師やキャリアアドバイザーが丁寧に育成するというもの。在宅と出勤のハイブリッド勤務が可能なのも魅力的です。その結果、今では研修生の50％が女性という実績となり、同社の理系女性比率が高まりました。

この取り組みを聞いて私が感じたのは、「大学での履修分野だけにこだわっていては、企業も個人も変化に追いつけない」ということです。つまり、その人が学部生として大学で履修したことと、社会に出てビジネスとして身につけること、生かすことは、必ずしも一致していなくてもよい。それどころか、年単位で技術革新が進む現在、「何学部を卒業したか」ということだけで採用、配置していては最新のビジネス時流に乗れないのではないでしょうか。そういった面で、潜在能力を買い、本気で育成するアバナードの大胆さ、覚悟は抜きんでていると感じます。

図31　アバナードのリスキリング「アカデミープログラム」は、理系女性人材育成を加速させる

多様な人材登用

・未経験者及び経験の少ない人を採用
・年齢層　20〜50代
・多国籍
・社会人経験あり（ベースはあり）
・ハイブリッド勤務
・グローバルで展開

育成にフォーカス

・給与100%支給の研修期間
　ー経験者　　最長3カ月
　ー未経験者　最長5カ月
・キャリアアドバイザーとの定期的な面談
・講師陣のきめ細やかな進捗確認

女性比率向上

・採用計画の10回目が終了
・研修生の女性比率は約50%
・女性のネットワーク活用
・一期生が講師

様々な制度を利用

・リモート可
・プロジェクトにアサイン中はコアタイムのないスーパーフレックス
・法定を上回る有給休暇
・研修後に時短勤務可

(出典)アバナードの資料より抜粋

理系分野の女子大学生が少ないため、理系の新卒・中途採用の競争率が高まっている。そこで理系職未経験者でも採用し、最長で5カ月間を100%給与で待遇し、特別プログラムで育成している。その結果、研修生の50%は女性となり、理系女性比率も高まる。

＊＊＊＊＊＊＊

ここまで3部では、ダイバーシティ経営に重要な6つの項目を挙げて、先進企業の実例をご紹介してきました。いかがでしたでしょうか？　一気に完成形を目指すと大変ですが、考え方や目標値、手法などみなさんの組織でも取り込める要素を探して、全社に一歩一歩浸透させていくのがよいと思います。

紙面の都合上、限られた数の企業しかご紹介できなかったのが残念ですが、この他にもダイバーシティに真面目に取り組み、結果を残している会社はたくさんあります。それらの組織に共通して言えることは、ダイバーシティ経営を苦労しながらでも推進することによって、得られる経営的メリットがあるということを、社長・役員・管理職・若手と、みんなが認識していることです。

最後に、経営層が代わったり、ダイバーシティ担当者が代わったり、社内の反対にあったりしたら、次のことを丁寧に伝え、根気よく推進していってください。

ダイバーシティ・女性活躍を進める経営3大メリット

①投資家……上場企業は、機関投資家・個人投資家からダイバーシティ経営の実行を求められており、実績を出せば評価が高まる

②採用……新卒採用、中途採用、離職防止のために、ジェンダー平等は企業ブランドとして有利に働く。若い層では男性社員にも効果的

③イノベーション……多様性のある組織づくりで、膠着した社内慣習や風土を突破。性別や年齢にとらわれない意見で活性化できる

おわりに

先日、私の心にある古くさい〝性別ガチャ〟が発動し、苦笑したエピソードがふたつも立て続けにあったのでご紹介します。

ひとつめは、子どもが通っていた中学校の合唱コンクール、3年生の大舞台です。全学年を束ねて堂々と指揮しているのも、最優秀指揮者賞をとったのも女子生徒でした。私は思わず隣に座っていたママ友に「すごいね、ふたりとも女子だよ！　昔は男子が指揮者、女子がピアノだったよね〜」とヒソヒソ。するとママ友から「祥子さん、もうそんな時代は終わってるから」と苦笑されました。

ふたつめは、高校のホワイトデー。娘がきれいなラッピングで手作りブラウニーやチョコをもらってきたので、「女の子から友チョコ？」と聞いたら、違うと。送り主はクラスの学級委員長などの男子生徒たち。「クラスの女子みんなに、いつもありがとう」と配られたとのこと。「男の子なのに、自作ブラウニー？　ラッピングもかわいいし！　凄くない？」と激しく感心した私に、横にいた息子が「今まで男子が（お菓子作りを）しなかったのが変なんだよ。別に難しいことじゃないし」とサラリ。そんな彼はシュークリームを作ったりしていました。

ジェンダー平等を尊重しているはずの私自身にも、「女の子なのにすごい、男の子なのにできるんだ？」という〝性別ガチャ〟はたびたび顔を出します。時代は変化したなぁと誇らしい思いで言っているセリフが、ダイバーシティをしっかり教育されている子どもたちにとっては、聞くだけでゲッソリする発言なのかもしれません。

「JALの社長が初めて女性に！」「ユニクロ日本事業トップに初の女性！」「サントリー食品に女性社長誕生！」。昭和・平成を駆け抜けた記者にとっては、珍しさと嬉しさでいちいち「女性」と見出しに入れてしまうのですが、若い世代は、この「女性」の文字を見聞きするたびに、ゲッソリしているのでしょう。

採用面接、上司部下での何気ない会話、地域や家庭での話し合い。そこここに、多様な世代と価値観が混在しています。一様に「古いのが間違い、新しいのが正しい」とは言えません。しかし、今の世代は過去を、前の時代に生きた者は現在を、お互いに学び合う必要があるのだと思います。そして、その橋渡しができる人こそ、新しい時代のリーダーとなるのだと思います。

＊＊＊＊＊＊＊

本書を出版するにあたっては、講演や研修で本音の対話をしていただいた企業のみなさまの真剣なまなざしがなければ実現しませんでした。心からお礼を申し上げます。

そして、〝性別ガチャ〟という抽象的なキーワードを、令和世代にもぴったりくる絶妙なイラストで表現してくれた芦野公平さんにも感謝いたします。

いつも山ほどのスケジュール調整や広報発信を担ってくれている横田愛実さん、芦澤雅子さん。そして「やればできる！　できた！　えらいぞ！」と励まし続けてくれる名メンター（編集者）の工藤千秋さん。この場を借りて、ありがとうございますとお伝えしたいと思います。

最後に、この本を手にとってくださった読者のみなさまへ。最後までお読みくださって、誠にありがとうございました。いつかまた、どこかでお会いし、対話ができれば幸いです。

2024年初夏
日曜夜、子どもたちが食器洗いをする音を聞きながら

羽生祥子

羽生祥子（はぶ・さちこ）

株式会社羽生プロ 代表取締役社長
著作家・メディアプロデューサー

京都大学農学部入学、総合人間学部卒業。2000年に卒業するも就職氷河期の波を受け渡仏。帰国後に無職、フリーランス、ベンチャー、契約社員など多様な働き方を経験。編集工学研究所で松岡正剛に師事、「千夜千冊」に関わる。05年現日経BP入社。12年「日経マネー」副編集長。13年「日経DUAL（当時）」を創刊し編集長。18年「日経xwoman」を創刊し総編集長。20年「日経ウーマンエンパワーメントプロジェクト」始動。内閣府少子化対策大綱検討会、厚生労働省イクメンプロジェクトなどのメンバーとして働く女性の声を発信する。22年羽生プロ代表取締役社長。内閣府・厚生労働省・東京都の各種検討会委員、大阪・関西万博Women's Pavilion WA talksプロデューサー等に就任。

写真 ©Aiko Suzuki

ダイバーシティ・女性活躍はなぜ進まない？

組織の成長を阻む性別ガチャ克服法

2024年 6月17日　初版第1刷発行
2024年11月20日　初版第2刷発行

著　者　　羽生祥子
発行者　　佐藤珠希
発　行　　株式会社日経BP
発　売　　株式会社日経BPマーケティング
　　　　　〒105-8308　東京都港区虎ノ門4-3-12
デザイン　小口翔平＋畑中茜（tobufune）
イラスト　芦野公平
ＤＴＰ　　大應
校　閲　　聚珍社
編集協力　工藤千秋
印刷・製本　TOPPANクロレ株式会社

Printed in Japan ISBN 978-4-296-20528-8